礼仪系列丛书

教师有礼

新时代教师礼仪九讲

主编 / 刘宝亭　　副主编 / 华平生　吴淑娟

华东师范大学出版社
·上海·

前言

习总书记说，一个人遇到好老师是人生的幸运，一个民族源源不断涌现出一批又一批好老师则是民族的希望。由此可见，老师对学生、学校、社会的重要性。

新时代对教师的道德情操、礼仪外表有了新的要求，特别是二十大报告中，对教师的素养提出了更高的要求。教师不仅仅是教授知识的源泉，更是传承文明的导师；是教书育人的园丁，以身作则的楷模。其音容笑貌、言谈举止、工作作风、知识学问、风度仪表，无形中都是学生和社会学习的楷模。

我多年坚持教育教学第一线，在学校又负责青年教师的入职培训，培训内容除教师基本功外，主要是师德礼仪，积累了一些材料和经验，便有了编一本教师礼仪培训教材的想法，本书的出版旨在传播教师礼仪，弘扬教师传统美德，使教师既能内树理想，又能外塑形象。通过言传身教，引导学生不但要学会学习，学会生存，更要学会做人；学会做事，学会自律，学会文明，学会礼貌，学会交往，学会追求，学会担当。

一身相许育桃李，痴心不改报党恩，这是高尚的师德表现。礼仪是规范人的行为的，而教师则是修正礼仪的。所以教师要规范各种礼仪，提高师德修养。要不忘初心立潮头，牢记使命勇担当。努力做时代"四有"好教师和"四个引路人"，努力培养更多德智体美劳全面发展的社会主义建设者和接班人。

所以本书出版的价值在于能让教师学习礼仪、传承礼仪、传播礼仪，能使学生敬畏感恩、爱校爱国、亲其师而信其道、同其道而从其志。本书出版的目标是该书能成为教师礼仪培训教材，拿到书，今天学，明天就能用！如果能达到此目的，也算是为国家教育事业做出一点微薄的贡献。

刘宝亭

2024 年 2 月 8 日

第三章 师之表——为人师表，率马以骥

第一节 场合着装——万众瞩目，宜人宜己 ... 39

第二节 色彩分析——关照肤色，美而不艳 ... 42

第三节 服饰搭配——点缀有节，不浮不夸 ... 51

第四章 师之态——落落大方，不卑不亢

第一节 站姿礼仪——挺拔飒爽，立如松柏 ... 57

第二节 坐姿礼仪——端身正仪，稳如磐石 ... 65

第三节 蹲姿礼仪——密不透风，优雅从容 ... 68

第四节 走姿礼仪——稳健有力，步步生风 ... 78

第五节 教师手势——指点江山，激扬文字 ... 89

第六节 教师表情——眉目传情，和蔼可亲 ... 95

102

119

目录

第一章 师之礼——学高为师，身正为范

第一节 以礼待人——非礼不从，守礼而行 … 1

第二节 以情动人——体现情怀，尊重情感 … 5

第三节 以理服人——尊重差异，激发潜能 … 8

第四节 以行导人——高山仰止，景行行止 … 11

… 14

第二章 师之容——朴素端庄，容光焕发

第一节 师之九容——君子之修，粉墨登场 … 19

第二节 从头开始——头头是道，改头换面 … 23

第三节 正人正己——三庭五眼，有头有脸 … 29

… 33

第八章 师之心——精诚所至，金石为开

第一节 尽责之心——责之所在，命之所系 235

第二节 体现细心——蛛丝马迹，以小见大 239

第三节 留住耐心——不愤不启，不悱不发 243

第四节 献出爱心——深爱和气，愉色婉容 247

第五节 包容之心——换位思考，宽而恕人 251

第三节 开运动会——运而有法，动而有序 213

第四节 教工会议——统一思想，凝智聚力 219

第九章 师之重——生命之重，圣学之重

第一节 知识之重——传道，授业，解惑 257

第二节 身份之重——务本，务实，务施 261

第三节 生命之重——生理，心理，灵魂 266

第四节 文化之重——物质，制度，精神 272

后 记 282

287

第五章 师之行——爱岗敬业，从善如流

第一节 校园交往——君子之交，上下周详 … 133
第二节 对外交往——开源节流，同心共育 … 138
第三节 家庭交往——亲而不狎，爱而不溺 … 143
　　　　　　　　　　　　　　　　　　　… 157

第六章 师之言——片言之赐，皆我师也

第一节 教师和学生的沟通——亲其师而信其道 … 169
第二节 教师和家长的沟通——勠其力而同其心 … 173
第三节 教师和同行的沟通——同其心而协其力 … 180
第四节 教师和领导的沟通——同其道而从其志 … 182
　　　　　　　　　　　　　　　　　　　… 189

第七章 师之会——议而有决，决而有行

第一节 校园仪式——敬畏感恩，爱校爱国 … 195
第二节 开家长会——进百家门，暖百人心 … 198
　　　　　　　　　　　　　　　　　　　… 207

第一章
师之礼——学高为师,身正为范

导语

尊师重教风尚美，文明礼貌气象新。

何谓师之"礼"？师之"礼"就是教师在教学过程中体现出来的对学生发自内心的尊重，时时、处处皆有教师风范。包括教师形象、教师行为、教师语言等，以礼待人、以理服人、以情动人、以行导人。

部分学校的教师开始选择穿制服，不仅树立自己的职业形象，也可以更好地展示教师的专业性和权威性。

教师若有模，学生便有样；教师若克己，学生便复礼。

教师犹如学生心中的定海神针，教师安定，学生宁静；教师好似学生眼里的远方灯塔，教师放光，学生明亮。

礼仪的示范效应，不可小觑，以小可见大，学高为师育贤良，身正为范有伦常，明理好礼的教师，必将培育出懂礼守礼的学生。德是教师看不见的礼，礼是教师看得见的德。

明理守礼的教师，必将培育出懂礼知礼的学生。

古礼今用

师须自重，弟子不嘲

古代有一位教书先生，姓边，名韶，字孝先，文学素养高深，闻名乡里，深得弟子们喜爱，教授弟子数百人。边先生口才很好，能言善道，有一日，边先生白天打盹假寐。有弟子窥见，便编了顺口溜嘲笑他："边孝先，腹便便。懒读书，但欲眠。"边先生听后，立时回应道："边为姓，孝为字。腹便便，五经笥。但欲眠，思经事。寐与周公通梦，静与孔子同意。师而可嘲，出何典记?"弟子们知错了,顿时无地自容,羞愧不已。

启示:

此则故事记录于《后汉书·文苑列传上》。作为教师,时时处处需注意形象。大腹便便,说明身材管理欠妥,可能在饮食、运动等方面需要注意,否则少有精神、困顿不已。引来学生嘲笑总是有失师者风范。另外,作为学生,不可嘲笑老师,不敬师、不重道难以学有所成!

> 礼仪观点

第一节　以礼待人——非礼不从，守礼而行

正一代之文章功归君相，兴百年之礼乐责在师儒。

礼仪是社会活动的原则和纲领。儒家思想指出，人的活动，应该遵于道，合于德，要体现仁、义、礼、智、信的基本要求。道德为万事之本，仁义为群行之大，人要施行道德仁义之事，不用礼则无法实现。

学校要通过礼法正心、义理训说来端正学生行为，不得其礼便不能备具得心应手的方式方法；争纷之事，不用其礼就更加无法决断；从师学习，没有礼就不能亲近。非礼勿视，非礼勿听，非礼勿言，非礼勿动。（《论语》）

礼仪也是人际交往的基本方式。教师和学生之间，如何称呼对方，如何站位与座位，如何迎来送往，都有礼仪的规定与约束。

礼者，所以正身也；师者，所以正礼也。无礼何以正身？无师安知礼之为是也？（《荀子·修身篇》）

本节主要礼仪观点

01 躬身参拜——作为教师，如何在特殊节日引导学生向孔子行礼？

孔子作为万世师表，世界著名的文化名人、教育家、思想家、政治家，理应受到后人的景仰与尊崇，所以在孔子诞辰等特殊节日，学校可组织教师和学生举行拜祭活动，并向孔子雕像行礼。

（1）牢记诞辰日——孔子诞辰是公元前551年9月28日；

（2）保持恭敬心——学习圣贤智慧，敬意油然而生；

（3）穿上古礼服——祭拜圣人，可以穿上中国传统服饰汉服；

（4）恭读告上文——向孔子塑像陈述礼拜的仪程；

孔子诞辰日，全体师生在孔子雕像前行礼

(5)礼献鲜果蔬——祭祖如祖在；

(6)恭诵祭孔文——歌颂孔子的伟大功勋。

02 教师之容——"教师容礼"中，对于教师有哪些要求？

(1)言要和，声要柔；

(2)色要温，面要庄；

(3)气要肃，手要端；

(4)站要直，坐要正；

(5)行要稳，足要重。

学生行礼，教师需要回礼

第二节　以情动人——体现情怀，尊重情感

> 真才实学，以理服人；
> 真情实感，以情动人。
> 师是园丁，情有独钟。

情是心灵的密码，爱是教育的基础。教师的情感对学生有直接的感染作用。很难想象，一个没有真情实感、只是把教师这个职业当成谋生工具的教师，如何真正引起学生内心深处的共鸣。

没有爱就没有教育，这已经成为教育工作者的共识。

正如上海名师冯恩洪所说，浓浓的师生之情，可以让"相逢只能开口笑，未可全抛一片心"，变成"以美好的心灵相互映照，以赤诚的情怀相互温暖，以坚定的信念走向明天"。每个人都是独立个体，都有情感与情怀，学校应该是美好情怀和积极情感积累的平台，学校不能因为重视分数的提高，而忽略了美好情怀和积极情感的积累。

教师与学生交流时，要注意哪些礼节？

（1）说话要重宽慰；

第一章 师之礼——学高为师，身正为范

（2）表情要显和善；

（3）尽量避免肢体接触；

教学场合，教师尽量避免和学生直接的身体接触

（4）肢体要有距离；

教师和学生谈话避免"指势语"，尽量用"掌势语"（1）

教师和学生谈话避免"指势语",尽量用"掌势语"(2)

(5)鼓励要合中道。

第三节　以理服人——尊重差异，激发潜能

> 知人不评人，责人不苛尽；
> 知事不声张，得理要饶人。

一、凡事留一线，日后好相见

明代思想家吕坤在其著作《呻吟语》中写道："责人到闭口卷舌、面赤背汗，犹刺刺不已，岂不快心！然，浅隘、刻薄甚矣！故君子攻人，不得过七分，须含蓄以养人之愧，令其自新，则可。"意思是有人责备别人的时候，将对方逼到哑口无言、汗流浃背、面红耳赤、无地自容的地步，还滔滔不绝地持续指责。这在不少教师身上有所体现。

虽能逞一时之快，也是为学生着想，却也有伤害学生自尊的可能。得理不饶人，站在道德的立场上并无错处；得理却饶人，是给别人留下一条生路。

所以说，教师在指责学生的时候，要懂得给学生留下改过自

新的余地。

二、直木造梁，弯木造犁

每个学生都有与老师亲近的情感需要，满足了这一需要，学生就会感到快乐，各方面都会有一定的进步。由于受到先天遗传、后天环境等因素的影响，同班学生之间往往存在很大的差异。平时学习成绩好的学生常常受老师的亲近，这些学生就会自觉地遵守学校的规章制度，主动和老师交流自己的生活和学习方面的事情，并协助老师工作，努力把班级的各方面工作做好。然而，后进生就会有意无意地疏远老师，这个时候，教师的尊重、赞赏、鼓励和引导，显得尤为重要。这时就需要教师敏锐地发现学生的优势和缺点，因势利导，促使其扬长避短。

直木为梁，曲木为犁，说明了物各有值，应物尽其用。引申到教育工作上，就是每个学生都有自己的独特性，在教学过程中应对学生因材施教，根据每个学生的个性，选择适合的学习方法来进行有针对性的教学，以满足学生的差别需求，从而促进学生的个性发展。

本节主要礼仪观点

01 高谈阔论——学术辩论会中，声音高就一定有道理吗？

（1）声音不在多高，学术多高才重要；

（2）人数不在多少，人才精英才重要；

（3）行为不在张狂，彬彬有礼才重要；

（4）有礼不在傲慢，君子之风才重要；

（5）博学不在力强，以柔克刚才重要。

02 忠恕之道——教师有理，学生理亏时，教师应注意哪些礼节？

（1）能饶人处且饶人；

（2）该包容时就包容；

（3）顾及颜面最重要；

（4）可沟通时多沟通。

03 礼让三分——如何解决同学之间得理不饶人的行为？

（1）正面教导——退一步海阔天空，忍一时风平浪静；

（2）反面教材——历史是最好教材，结果是当下种子。

教师要告诉学生："冲突往往是行为惹的祸"

第四节　以行导人——高山仰止，景行行止

言传身教良师意，桃李不言自成蹊。

以行导人就是身教，身教是无声的教育。依靠教育者示范表率作用来吸引学生，影响学生，带动学生，因此，身教具有很大的感染力、说服力。它能起到言传所起不到的作用，收到言传所达不到的教学效果。

"亲其师，信其道"，字面理解就是，只有师生关系和睦，学生信任教师的为人，进而相信并且接受教师传授的知识和技巧。当一位教师的品质让学生能够亲近，并且被深深影响，那么这个学生不仅是信其道，更重要的是自身的行为习惯也已被深刻地影响，这就是所谓的为人师表。

一、身教树起一面旗帜

"桃李不言，下自成蹊。"中小学生从根本上说，有时显得有

第一章 师之礼——学高为师,身正为范

教师的精神面貌是指他们在教育教学过程中展现出的内在品质和外在表现
(教师手持话筒的仪态管理:建议右手做手势,左手持话筒)

点幼稚,青春萌动,正在发育成熟期。但是学生的眼睛是雪亮的,他们的心灵是天真纯净的。无论别人对教师评价如何,他们总是带着敬佩的目光和童心,去爱着自己的老师。在他们眼里,老师就是正义的象征,是一面高昂的旗帜,是他们崇拜的偶像,他们会不自觉地模仿教师的一举一动、一笑一颦。

无言正气之举,往往比严厉说教更起作用。古语言:"染于苍则苍,染于黄则黄。"(《墨子·所染》)教师的劳动对象是学生,而学生正处于身心发育发展时期,具有特有的心理活动和个性心理特征。在受教育中,学生具有较强的模仿能力,对周围的一切非常敏感,并且学生在个性心理方面表现出可塑性。这个时期学

生对教师往往表现出依恋性、权威性、向师性等特征。教师必须以身作则、为人师表、以身教为学生树立一面崇高旗帜。我国现代教育家丁浩说:"以身作则,为人师表",这应作为中小学教师必须遵守的诺言。

重身教,以行导人、以身作则、为人师表是教师职业道德的重要特征,是师德的具体优化表现,学生看得见、摸得着,它对于教师树立威信、以德服人、优化育人环境及师德建设起着积极作用。

教师崇高的道德、乐观的心理、得体的仪表、严谨的态度、良好的作风是树立威信的重要条件。

二、身教就是率先垂范的榜样

思想支配行为举止,教师"言传"时间多,但"身教"也无时不在,平常不经意的一举一动胜于老生常谈。教师是太阳底下最崇高的职业,举止都应该有教养。许多事情教师要求学生做到,首先自己要先做到。正人先正己,教师为人师表,应以身作则,举止文明,作风正派,自重自爱。

国家兴亡,系于教育;教育兴衰,系于教师。教师是立校之本,教师要从小事做起,率先垂范。以高尚师德感染人,以整洁仪表影响人,以和蔼态度对待人,以丰富的知识引导人,以博大胸怀关爱人。

教书育人是教师的天职,师德师风是教师的灵魂。

第一章 ■ 师之礼——学高为师，身正为范

教师和学生都在自己的"轨道"，首先是教师在"正轨"上

🔔 本节主要礼仪观点

01 引咎自责——作为教师，如何面对自己的迟到现象？

（1）真诚道歉，欠身行礼；

（2）说出原因，获得谅解；

（3）消除影响，尽心授课。

02 近在咫尺——社会场合的"一米线"距离，是否可以引入到学校管理中？

"一米线"是现代文明的产物，它体现了对别人权利的尊重，让参与者享受安全、不受干扰、从容办事的权利。在学校中，尤其在中小学内，实行"一米线"有如下诸多益处：

（1）防止拥挤摔倒受伤；

（2）尊重隐私留有余地；

（3）避免瘟疫流行感染；

（4）体现校园文明氛围；

（5）提升师生人文素养。

校园公共场合的"一米线"就是"文明线"

03 排列有序——"一米线"距离适合在学校的哪些场合使用？

（1）校食堂；

（2）开水间；

（3）医务室；

（4）快递室。

第二章
师之容——朴素端庄，容光焕发

导语

教师的妆容应以简约大方为主

容貌秀，容妆靓，容光焕发；
姿容美，仪容佳，有容乃大。

何谓师之"容"？师之"容"是指教师的容貌，由发式、面容以及人体所有未被服饰遮掩的肌肤所构成，包括教师九容、三庭五眼等。

美国的心理学家、传播学家艾伯特·梅拉比安提出了一个非常有趣的"55、38、7"定律，即55%+38%+7%，其中决定一个人印象的55%体现在仪容、仪表、仪态和沟通的态度，包括

面部细节的修饰和着装规范是教师职业化的最好体现

动作、表情等；38%是讲话时的语气、语调、肢体语言等；7%是说话的内容。在当下的快节奏生活中，没有人愿意花时间慢慢去了解你，只能通过你的外在形象去评估你的工作能力。

妆容能增加气场，精致的妆容能瞬间提升一个人的形象和气质，但是妆容一定要符合自己的职业定位，教师的妆容应以简约大方为主。

对于教师来说，仪容礼仪是一项基本素养，它反映了教师的基本素质和精神面貌，更能代表教师的职业形象。

古礼今用

罗敷之美

行者见罗敷，下担捋髭须。少年见罗敷，脱帽著帩头。耕者忘其犁，锄者忘其锄。来归相怨怒，但坐观罗敷。（《乐府诗集》）

《陌上桑》里通过行者、少年、耕者、锄者的动作，从侧面描写罗敷不施粉黛的美。

"使君从南来，五马立踟蹰。使君遣吏往，问是谁家姝"。

"秦氏有好女，自名为罗敷。"

使君谢罗敷，"宁可共载不？"

罗敷前致辞："使君一何愚！使君自有妇，罗敷自有夫。"

从对话中可以看出罗敷机智、勇敢、坚贞。

启示：

古代罗敷在富贵、诱惑面前不动容、有底线。罗敷本身是底层劳动人民，她的坚贞和智慧，让她的美更具灵魂，被世人传颂至今。

罗敷之美，不仅体现在外表，更突出体现在她的人格和品质。作为新时代的人民教师，我们应站在学生的角度，为学生着想，加强修养，提高我们的品质，成为家长和学生都喜爱的好老师。

> 礼仪观点

第一节 师之九容——君子之修，粉墨登场

发必理，面必洁，相貌堂堂惹人爱；
精气神，须饱满，神采奕奕自发光。

精神面貌是内心活动的自然外露，它能体现教师细微的内心活动，并可以传递情感。它包括自然美、修饰美和内在美。

一、自然美——落落大方

拥有自然美是每个人的心愿，但是貌美如花可遇不可求。容貌的自然美会让人赏心悦目，但随着岁月的流逝，我们没有办法让容颜永驻。

二、修饰美——淡扫蛾眉

爱美之心人皆有之，教师依据规范和自己的面部特征，借助

护肤品、化妆品，设计、塑造自己的形象。得体的妆容，不仅可以提高个人魅力，也是对学生的尊重。教师的妆容恰到好处即可，不能太夸张，要给人以端庄自然之感。

妆成以后，让人看起来好像没有化妆，但是整个面部精致了很多，仿佛清水出芙蓉，天然无雕饰。"妆到成时有却无"是教师妆容得体与否的标准。

三、内在美——秀外慧中

内在美是教师的灵魂，它和长相、性格、肤色无关，最能感染和打动人。教师通过学习，可以提高自己的品格、艺术修养和内在气质，做到内外兼修，表里如一。

本节主要礼仪观点

01 君子之容——现代教师的九容主要是指什么？

（1）足容重——步伐稳重从容，不拖沓；

（2）手容恭——手势大方、舒展，平时两手相握不乱动；

（3）目容端——目不斜视，观察事物时要专注；

（4）口容止——不妄言，不诳语，嘴角不乱动；

（5）声容静——精神饱满、声音洪亮、音调平稳，不打嗝、不唾液；

整洁利落的发型给人以干练、统一的印象

（6）头容直——昂首挺胸，不歪斜，不摇晃；

（7）气容肃——呼吸均匀、平静，勿奇声怪音；

（8）立容德——站稳脚跟、不倚不靠；

（9）色容庄——面无倦意，不矜不傲、不惰不慢、气色庄重。

02 略施粉黛——怎样选择适合教师的化妆品？

选择以浅、淡妆为主：

（1）粉底——颜色略浅，发际线和颈部过渡自然；

（2）眉粉、眉笔——通常选择黑灰色、深棕色两种颜色为好；

（3）眼影——选择哑光色，以黑色、白色、棕色为主；

（4）口红——以浅色，亮色为主，忌红、忌油腻；

（5）腮红——以浅玫粉色、肉桂色为好，忌正红色。

03 清秀淡雅——五官修饰有哪些细节？

（1）眉毛——柔美可人；

（2）眼睛——清亮有神；

（3）嘴唇——浅而红润；

（4）面部——淡而自然。

04 指尖优雅——教师的指甲有何规范？

（1）指甲长度不超过指尖；

（2）指缝和倒刺要清理干净；

（3）女教师忌涂鲜艳的指甲油。

校园里，教师的指甲长度最好不要超过指尖

女教师忌涂鲜艳的指甲油、贴夸张的美甲

05 浓淡相宜——教师化妆的原则是什么？

（1）时间——季节不同，化妆也有所不同。比如：夏天温度高易出汗，以淡雅清爽为主；而秋季就要选择低饱和度的颜色；

（2）地点——化妆要适合所处空间环境，工作时妆容要以淡雅、简单为主；

（3）场合——化妆要顾及活动场所的氛围和规格。比如：重要的公开课可淡妆，参加校运会可以不化妆。

06 避人原则——在大庭广众之下可以化妆吗？

在教学活动的公开场所当众化妆、照镜子都是失礼的行为，化妆应遵循"避人原则"。

一般建议教师在私人空间内进行化妆和补妆，《木兰辞》中就曾写道："当窗理云鬓，对镜帖花黄"。

07 仪容整洁——教师上班前仪容一般要注意哪些细节？

（1）面部的修饰

建议女教师淡妆后再出门；男教师也要剃须修面，保持面部清洁。

（2）眼睛的修饰

眼睛的清洁很重要，有的人马马虎虎洗把脸，隔夜的分泌物还挂在眼角，这将无形象可言。

（3）鼻子的保洁

鼻子是面部"制高点"，也是别人目光的聚焦点。所以鼻子的清洁保养不可忽视。鼻子最易出的问题是黑头、粉刺、酒糟鼻、鼻毛露出鼻孔外等。鼻子处于面部敏感三角区，这里血液循环十分丰富，切不可随意挤压抠挖，市面上有去黑头的鼻贴，可以买来睡前使用，效果不错。另外要注意经常修剪鼻毛。

（4）嘴角和牙齿的保洁

有些人讲话时口角会出现吐沫，时不时还会飞溅出来，令人作呕。如果知道自己有这种情况，要注意克服。

吃饭后要注意刷牙，不方便刷牙时，要注意漱口，检查牙齿上有没有食物残渣。

第二节　从头开始——头头是道，改头换面

> 点头是礼节，点头是尊重；
> 点头是赞许，点头是涵养。
> 头，身体之首；
> 发，头顶之上。

头被看作是尊严的象征，发，在人们的心目中也有着不同寻常的意义，发型可以反映出一个人的身份、职业特征、知识层次、审美修养、生活习惯等，中国人都有很特别的头发情怀。

一、发型

古往今来，头发随着时代的变化，也被赋予了新的含义。我们要根据自己的脸型、体型、年龄、气质等，选择与场合相匹配的发型，以增强美感。

男教师发型要简约大方。女教师在优质课、公开课、示范课

等正式场合推荐盘发，日常教学工作中建议束发，休闲时可以散发。音乐、美术教师日常为了展示个人魅力也可散发。

二、点头

在和学生的沟通中，点头是十分常用的礼仪，它简单、方便，不受时间、地点的限制。在不宜交谈的场所，与学生远距离的相见等，可用点头致意。点头也意味着你肯定学生的做法，是一种礼貌的举动。

三、摸头

除点头外，我们应该注意，不要随意摸学生的头部。

教师摸头一般有以下几种情况：学生非常优秀，表达喜爱之情；学生情绪低落，表达疼爱、安抚之意；学生表现不好，表达内心不满；课间、课后，习惯或开玩笑等。

但是也要注意分寸，中国人一直都相信举头三尺有神明，作为身上最神圣的部位，孩子长大了都不愿意自己的头被外人随便摸，教师摸头把握不好，容易让学生感觉不适。

本节主要礼仪观点

01 头头是道——男教师的发型要求是什么?

（1）前不抵眉；

（2）侧不掩耳；

（3）后不触领。

02 一线生机——怎样选择适合自己的发际线?

（1）中分——教师一般不建议中分发型。中分适合发际线偏低，额头较窄，颧骨较高，太阳穴凹陷，圆脸型、方脸型、菱形脸及倒三角脸；

（2）三七分——侧分显得比较优雅，适合发量较多、脸型偏大的人；

（3）背头——适合头比较大的人，这样能够使脸型更加显长，发型精致，增加魅力。

03 乌黑发亮——女教师在正式场合的发型要求是什么?

（1）前额的头发不遮眼睛；

（2）刘海不超过眉毛，侧面头发不遮盖脸庞；

（3）头发超过肩膀的，束发为主，盘发为宜，出席宴会可披发；

（4）不建议染奇怪的颜色。

04 容光焕发——教师的日常头发护理需要注意什么？

（1）应勤于梳洗，无异味，无头屑；

（2）不要经常烫发、染发；

（3）不要过多使用喷彩和啫喱；

（4）正式场合不滥加修饰。

05 简单得体——教师发型的禁忌是什么？

（1）忌过多装饰；

（2）忌色艳、色杂；

（3）忌发型夸张。

第三节　正人正己——三庭五眼，有头有脸

天庭饱满不遮掩，慧眼识人莫偏见。

有头有脸，指的是人的面子、尊严和威严。脸是一个人的门面，看人先看脸。肌肤健美使其充满生命的活力，给人以健康自然、鲜明和谐、富有个性的深刻印象。不同性别、年龄的教师，面部修饰及美化的要求也不同。一个人的面容可以成为成功助力，也可以成为阻力。

如刘备听徐庶和司马徽说诸葛亮很有学识才能、又相貌堂堂，就带着礼物三顾茅庐上门去请。没有面试就已经被认可，并委以重任。

而庞统出山，投奔刘备时，刘备见其容貌丑陋，心中不悦，支去耒阳县。后得知庞统才智和谋略过人，高兴地说："人都说卧龙凤雏得其一，可安天下，今我二贤才都得，汉室有兴矣！"于是拜庞统为副军师中郎将。

新教师面试一般都要参加面试辅导，在仪容仪表方面，既有

着装要求，又有妆容要求。如果在这方面做得不够，就会影响面试的成功率。在教师选择班干部的时候，也可以借鉴这一模式慧眼识人。一个学生在仪容仪表方面自律，大概率在学习上也不会太差。

天生我人必有才，天生我材必有用。作为教师，不应把成绩作为衡量学生的唯一标准，忽略和贬低学生。教师更应该关注学生的情感需求，了解学生的心理，走进学生的内心，更好地慧眼识人，找到每个学生身上的闪光点，用恰当的方法进行培养、强化他们的优势，营造良好的师生关系，促进学生自主学习。

> 🔔 **本节主要礼仪观点**

01 有板有眼——什么是"三庭五眼"？

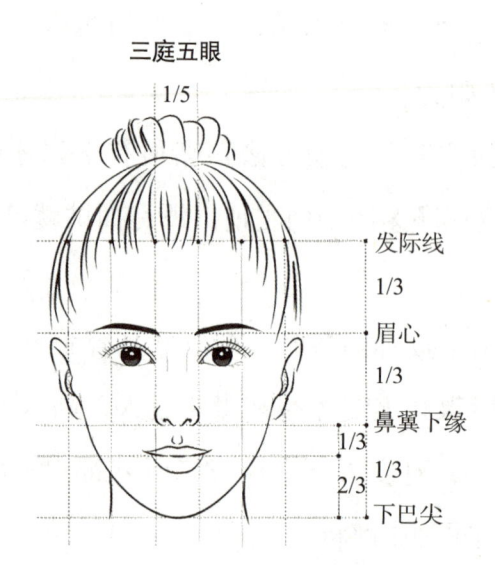

三庭五眼

- 1/5
- 发际线
- 1/3
- 眉心
- 1/3
- 鼻翼下缘
- 1/3
- 2/3
- 下巴尖

"三庭"是将人脸横向分为三个部分：上庭、中庭、下庭

（1）上庭是指从额头发际线到两眉头连线之间的垂直距离；

（2）中庭是指从两眉头连线到鼻底线之间的垂直距离；

（3）下庭是指从鼻底线到下巴之间的垂直距离。

"五眼"是将人脸纵向分为五个部分：

（1）左眼宽度；

（2）右眼宽度；

（3）左太阳穴发际线至左眼尾的水平宽度；

（4）右太阳穴发际线至右眼尾的水平宽度；

（5）左眼内眼角至右眼内眼角之间的水平宽度。

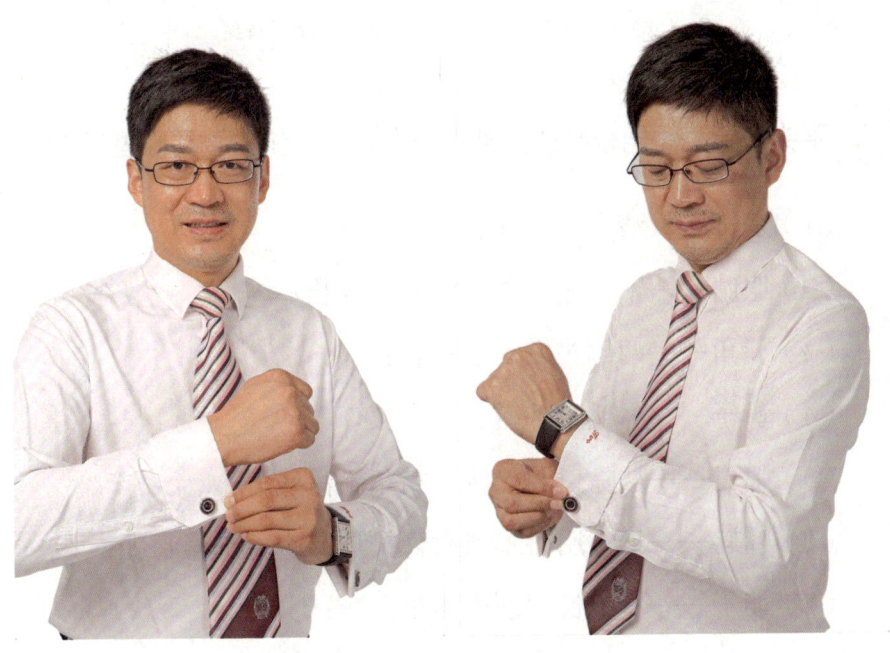

从"三庭五眼"看教师的尊严和威严

教师有礼

女教师可根据自身"三庭五眼"比例进行配饰调整

02 平头正脸——男教师的面部"三分钟"修饰主要是哪些部位?

（1）面部——清爽、干净；

（2）眼睛——不充血，眼角没有分泌物；

（3）鬓角——两侧头发不要过长；

（4）鼻子——鼻毛不外露；

（5）嘴巴——祛除口腔异味，嘴角不留残渣；

（6）嘴唇——日常用唇膜或唇膏护理，避免干燥起皮；

（7）胡子——不留长胡须或尽量刮净；

（8）耳朵——保持外耳郭干净，没有分泌物。

03 画"眉"点睛——眉毛修饰有哪些要点？

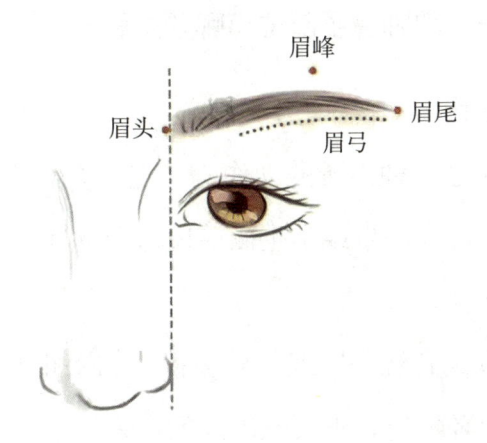

（1）眉毛太短——用眉笔加长，将眉尾修尖、修细、修柔和；

（2）眉毛太长——修剪掉眉毛长的部分；

（3）眉头太近——修去鼻梁附近的眉毛，使眉头与内眼角对齐；

（4）眉头太远——用眉笔将眉头描长，缩小两眉之间的距离；

（5）眉毛太粗——将眉毛上缘修去，拉近眉毛与眼睛的距离；

（6）眉毛太弯——修去眉毛上缘，减轻眉拱的幅度。

04 炯炯有神——教师如何做好眼部护理？

（1）养成良好的用眼习惯——不要在光线暗淡和动荡的环境下看书和阅读，不要长时间看手机和电脑。

（2）做好眼部清洁和保养——养成习惯，坚持每天做眼保健操，使眼睛得到好的保养，每天做眼神训练操，使眼睛清亮有神。每天做眼部化妆的，晚上要注意用卸妆水做好清洁，然后用眼部精华液护理。

05 鼻若悬胆——教师鼻子部位有哪些禁忌?

（1）忌抠鼻孔

抠鼻孔实在是一种不雅的动作，一定要在私人空间或没人的地方处理好。不可在同事或学生面前做这个动作。

（2）忌擤鼻涕

有鼻涕时应该到洗手间或门外去擤。如果正在教室上课，要用手帕或面纸轻轻地擤，不要发出大的声音。

（3）忌鼻毛长

如果鼻毛太长，会影响个人形象，可以适当修剪，以鼻毛不外露为宜，切不可动手拔。

06 嘴巧型美——教师嘴巴部位有哪些禁忌?

（1）忌学生面前嚼口香糖；

（2）忌学生面前吃东西；

（3）忌唾沫喷人；

（4）忌嘴含物说话。

第三章
师之表——为人师表，率马以骥

导语

以身作则，率马以骥；为人师表，身正为范。

何谓师之"表"？师之"表"是指教师的外表，包括容貌、姿态、风度，现代社会也包括色彩搭配、场合着装、配饰选择等，也指榜样、表率。

中华民族有着"衣冠文物故乡"之美称，在"衣食住行"中，"衣"排在了首位。穿衣不仅仅是为了"避寒暑、蔽形体、遮羞耻、增美饰"等实用功能，更体现教师规、矩、绳、权、衡，体现天道之圆融，怀抱地道之方正，身合人间之正道，行动进退合权衡规矩。教师用衣冠昭示礼制，用服饰文化体现尊重学生和师友、约束自我，显示一个学校的仪表之礼、交往之礼、仪式之礼和崇敬之礼。

师之表——教师要为人师表、身正为范、以礼服人

古礼今用

帽子与为官

据《南村辍耕录》记载，胡石塘是南宋时期著名的儒生之一。他虽满腹经纶，因奸臣贾似道执政，并没有得到重用，但是他在民间的名气却不小，被称为"中南八士"之一。

到了元朝，由于元世祖忽必烈十分重视对南宋儒士的保护和招抚，胡石塘有幸被选中，本来以为自己终于能够获得一顶"大官帽"，从此飞黄腾达，结果却栽在一件小事上。

忽必烈亲自在殿堂之上接见他，但由于他前往觐见时比较激动,不小心把自己的帽子戴歪了。忽必烈看到他戴歪的帽子,心里便有些反感,于是问他:"你平时学的都是哪些学问?"胡石塘赶紧回答:"都是修身、齐家、治国、平天下的学问。"忽必烈冷笑着说了14个字:"自家一笠尚不端正,又能平天下耶?"

胡石塘因为戴歪了帽子,不拘小节而葬送了前程。

启示:

帽子戴不正,自葬锦绣程;容礼无小事,首因定乾坤。

"以礼服人"的儒家服饰礼仪观,是孔子的儒家思想的体系,在中国已传承几千年,是日常着装同儒家礼教文化的生动结合,承载着深厚的儒家思想。中国自古就有"衣冠上国,礼仪之邦"的佳誉。孔子曰:见人不可以不饰,不饰无貌,无貌不敬,不敬无礼,无礼不立。因此注重自己的服饰外貌,是对他人一种尊敬,教师更应该将"以礼服人"的礼教文化与现代服饰元素相融合。

> 礼仪观点

第一节 场合着装——万众瞩目，宜人宜己

衣为文化之象征，以文化人；
服为思想之形象，以美育人。

着装是一门无言的文化艺术，教师着装能对学生起到潜移默化的教育作用。教师的职业特点决定着教师的着装应掌握一定分寸，同时应该在尊重教育对象、契合教育规律的前提下，做到符合教育规律，体现教育思想，尊重教育对象。

《论语·雍也》中记载："质胜文则野，文胜质则史。文质彬彬，然后君子。""文"指代一个人的外在形象，是表现在服装色彩、纹饰、形制上的外在美；"质"指代一个人的内在伦理品德，是道德品行、资质、处事所凝聚的资质之美。孔子认为，一个人的着装朴实大过文采，会流于粗野；反之，一个人的文采胜过朴实，又难免虚伪浮夸。试想，一个满腹经纶的圣贤之人，若穿着上邋遢，即使他仪态合乎礼仪，也会被嘲笑是个粗人，其言谈举止也会被认为是没有信服力的可笑之举；而一个

第三章 师之表——为人师表，率马以骥

人穿着上虽合乎礼仪，但内心缺乏仁爱的品质，也只是像偷穿人类衣服的猴子，好似沐猴而冠，虚有其表。在孔子看来，一个人只有具有良好的道德品行、仁爱之心、渊博学识，外在服饰上又合乎礼仪、形制规整、用色讲究，内外兼修，和谐统一，才是"文质彬彬"的翩翩君子。真正的君子，必定会选择与其身份相符的服饰；而合于礼仪规范的服饰，又反过来促进道德的修养。

教师合适的场合着装，会增强他人的好印象，又有助于体现出教师对该场合的尊重。而选择什么样的服装又是由内心的价值观所决定的。

教师在特定场合着装类型有：园服、校服、西服、华服、汉服、国服、中山装、旗袍、运动服、传统服饰等。

服饰的选择是教师价值观外化的结果，会有不同的体现。

教师形象风格有典雅型、自然型、艺术型、浪漫型等。

1. 典雅型：是不拘谨、宽松得体、舒适的面料，保守的经典款式。

2. 自然型：是放松的、自然的、休闲的，极度朴实和舒适的款式。端庄中带着亲切、独立、质朴，严谨含蓄的传统中加入了自然的元素。

3. 艺术型：是自由精神的、别有情趣的、舒适的。有别出心裁的设计，放松的裁剪、活动自如的造型，舒适中不乏新颖独特的创意。

4. 浪漫型：是舒展、自由的，有一种身心得到放松之后沁人心脾的、田园般的平静，又能融入自然的一种心境款式。

> 本节主要礼仪观点

01 文质彬彬——适合教师的正装有哪些？

女教师正式服装：职业套装、职业套裙、两件套裙、连衣裙、中式服装、传统服饰、特定场合统一运动套装、民族服饰套装。

男教师正式服装：西装、中山装、中式服装、传统服饰、特定场合统一运动套装、民族服装。

女教师职业套裙展示

第三章 师之表——为人师表，率马以骥

女教师职业套装展示

男教师职业西装展示

教师有礼

体育课教师运动装展示

家校社组织的亲子活动和家校运动会，都可以选择运动套装

02 夏季禁忌——女教师的夏季服饰需要注意哪些？

（1）穿戴要符合教师职业特点，提倡穿正装；

（2）鞋子要舒适、方便、协调而不失文雅；

（3）短裙至膝盖上3厘米左右，中老年女性的裙子要及膝下3厘米左右；

（4）穿裙子时，袜子的颜色应与裙子的颜色相协调，袜子口避免露在裙子外面；

（5）不穿拖鞋、超短裙、超短裤、露背装、低胸装、露脐装、吊带装和透明装等。

03 夏季禁忌——男教师的夏季服饰需要注意哪些？

（1）穿戴要符合教师职业特点，提倡穿正装；

（2）不穿拖鞋、背心、短裤和半截裤。

（3）在风格上可以选择质朴、儒雅、沉静的格调。

04 出席仪式——出席升旗仪式、颁奖典礼等正式场合时打什么颜色的领带？

通常正式场合选择正式颜色，红色、蓝色均可，方法采用温莎结或单结都可以。参加升旗仪式可选红色，颁奖典礼可选择与会场主题相呼应的颜色。

05 西装革履——出席开学典礼、毕业典礼等正式场合男士着西装应该注意哪些？

（1）领子清洁、着装笔挺；

（2）领带结要饱满，不松散；领带的长度以大箭头垂到皮带扣为宜；

（3）西装穿着系纽扣时，领带夹夹在衬衫的第三粒和第四粒纽扣之间；

（4）衬衫下摆要塞进裤子里，系好领口和袖扣，领口和袖口要长于西服上装领口和袖口1—2厘米，以显得有层次感，衬衫里面的内衣领口和袖口不能外露；

（5）天气热，穿短袖也可以打领带，但如果外面套西服，里面是短袖衬衫，不必打领带。正式场合，应穿长袖衬衫，且必须打领带；

（6）西装里不穿毛背心和毛衣，在我国最多只加一件"V"字领毛衣，以保持西装线条美；

（7）袜子一般选择黑色、棕色或藏青色，与长裤颜色相配。在正规场合，男士有两种袜子（白色袜、丝袜）不能穿。任何时候都忌黑皮鞋配白袜子；

（8）穿西装一定要穿皮鞋，鞋的颜色不应浅于裤子。黑皮鞋可以配黑色、灰色、藏青色西服，深棕色鞋子配黄褐色或米色西服，鞋要上油擦亮；

第三章 师之表——为人师表，率马以骥

（9）三件套的西装，在正式场合下不能脱外套。

06 场合应对——出席不同场合应该注意哪些？

（1）会议场合（如家长会、班会、座谈会）：可选颜色亮丽稳重得体的典雅套装；

为突出会议主题团队可统一颜色款式

（2）比赛场合（如教师风采大赛或技能大赛）：可选职业套装、套裙、旗袍、传统服饰两件套裙，连衣裙；

（3）仪式场合（如升旗仪式、开学典礼、颁奖典礼等）：男教师要西装革履或中式服饰；女教师则可以穿套装或较为端庄的连衣裙、套装、套裙。

07 审时度势——女教师可着套裙出席的场合有哪些?

（1）升旗仪式；

（2）开学典礼，毕业典礼；

（3）教师个人技能大赛；

（4）领导会议致辞；

（5）接待外宾。

08 昭然若揭——女教师日常服装"七忌"有哪些?

（1）忌脏；

（2）忌破；

（3）忌露；

（4）忌透；

（5）忌紧；

（6）忌异；

（7）忌乱。

第二节　色彩分析——关照肤色，美而不艳

一树桃花红间白，须绿叶学子衬红花；
两行杨柳翠绕青，有康庄大道引霞光。

红花还需绿叶配。有人爱红花的鲜艳，也有人爱绿叶的亮丽，在绿叶的衬托下，红花才赢得人们欣赏的目光。教师对学生的爱，是绿叶对红花的扶持，是大树对幼苗的庇护。它是春风，拂面不寒；它是春雨，润物无声；它能琢玉成器，点石成金。

色彩赋予服饰以情感，是服饰文化中极为重要的一个元素。服饰的色彩选择及偏好，体现了当下人们的审美心理和社会风尚。色彩在服饰文化中非常重要，可以说，色彩赋予了服装以灵魂。随着色彩的改变，同样的衣服也会有完全不同的美感。

光线作用下，色彩缤纷的世界呈现在人们的眼前，渗透到生活的各个方面。迄今为止人类已经发现的色彩有1 000多种，是一种视觉上的感知，教师服饰色彩可以影响学生内心，色彩选择有其遵循的原则和规律。

一、色彩分类和构成

自然界中的颜色可以分为无彩色和有彩色两大类。无彩色指黑色、白色和各种深浅不一的灰色,而其他所有颜色均属于彩色。

有彩色具备色彩的三个属性,分别是色相、纯度、明度,也是色彩的三要素。

色相是指色彩的相貌特征,纯度是有彩色在和无彩色调和的时候产生的变化。明度是在有彩色中加入黑、白之后产生的变化,加入白色越多,明度越高。加入黑色越多,明度越低。

1. 皮肤明度

指肤色深浅,高明度的肤色白皙,低明度的肤色暗沉,中明度肤色自然。

2. 皮肤亮度

指肤色光泽度和明亮程度,高亮度肤色明亮通透,低亮度皮肤灰暗,气色差。

3. 皮肤冷暖

冷暖与肤色黑白无关,它是每个人中的人体色,会有冷暖的区别。

二、根据皮肤的不同特质选择服装色彩

　　色彩是服装设计中的重要标志性因素。良好的色彩表现，服装色彩的鲜活、明朗，会带给人良好的视觉冲击效果。

　　"自我色"就是和自己的肤色、发色、瞳孔颜色相协调，让人眼前一亮的颜色。并且这种颜色完全不会让人有感觉不协调的地方，营造出了一种和谐状态。找到适合自己的色彩，有一个不容忽视的前提，就是要了解自己的肤色。那么不同的肤色如何选择搭配不同颜色的服饰呢？

　　颜色像人一样具有性格，多维肤色诊断根据肤色的复杂性，将肤色科学地归类：分为冷色调、暖色调、冷暖兼具的色调。肤色的变化除了冷暖，还有深浅之分，比如蓝、绿、紫是冷色，色彩性格是冷静、平和。红、橙、黄是暖色，色彩性格是热烈、活泼。

　　参加讲座的人较少时，演讲者选择深色的服装，可以使听众的注意力集中于演讲的内容。鲜艳的颜色较适合比较大场景或传媒讲座，如果参加讲座的人很多，演讲者可以通过穿着颜色鲜艳的服装增强视觉的穿透力来突出自己。

　　教师服装的颜色可以营造不同的气氛，因此可根据授课内容与风格选择颜色。浅色显得开朗活泼，可以营造轻松的氛围；深色显得深沉严谨，可以使现场严肃起来；含灰的中间色易显平和，

易产生和谐的气氛。色彩对比跳跃，易产生活跃气氛；色彩和谐统一，易产生严谨的效果；色彩单纯，学生注意力易集中到授课内容上；相反色彩太多，会导致学生注意力难以集中。颜色搭配的原则是上浅下深，这种组合稳定，更有职业感；上深下浅的组合不稳定，会削弱职业感，这种组合易让人注意到肢体，适合形体教师。

三、教师根据不同的季节、场合、性格、肤色、身型对于色彩的采用

墨子说："食不常饱，然后求美，衣必常暖，然后求丽。"可见，美是在物质生活得到满足之后，精神层面的追求和享受。

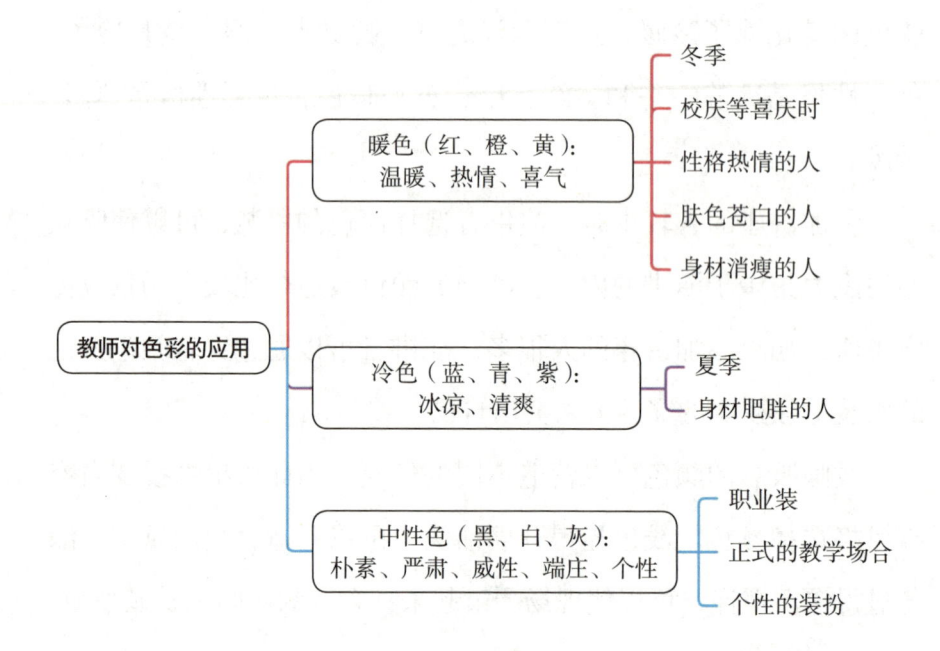

教师对色彩的应用
- 暖色（红、橙、黄）：温暖、热情、喜气
  - 冬季
  - 校庆等喜庆时
  - 性格热情的人
  - 肤色苍白的人
  - 身材消瘦的人
- 冷色（蓝、青、紫）：冰凉、清爽
  - 夏季
  - 身材肥胖的人
- 中性色（黑、白、灰）：朴素、严肃、威性、端庄、个性
  - 职业装
  - 正式的教学场合
  - 个性的装扮

> 🔔 **本节主要礼仪观点**

01 肤如凝脂——肤色偏白者如何选择服装?

"面颜近白者,衣色可深可浅"。肤色较为白嫩的,穿衣色彩深浅都相宜。

02 面色黧黑——肤色偏黑者如何选择服装?

"其近黑者,则不宜浅而独宜深,浅则愈彰其黑矣"。肤色暗沉者,穿衣服就只适合深色。

皮肤黝黑忌讳朱红、深蓝、灰暗、多色更避免碎花服饰,适合暖色调,红、黄、绿、紫色和黑、白、红三原色。

03 玉骨冰肌——皮肤比较细腻者如何选择服装?

皮肤比较细腻的,服装面料可以精致些,也可以粗糙些。

皮肤细腻者是体内黑色素少的缘故,适合各种各样的浅橙色,不适合冰冷的蓝色。红、黄、绿、紫选择暖色倾向的浅色服饰都是很不错的。

04 皴手茧足——皮肤比较粗糙者如何选择服装?

如果皮肤比较粗糙,就不适合穿细密的布料,而只适合穿粗糙些的面料。因为如果皮肤粗糙,却穿了细致的布料,就会更显得皮肤粗糙。

05 色彩搭配——教师的服饰有哪些色彩搭配口诀？

（1）红色配：白色、黑色、灰色、米色、蓝灰色等；

（2）紫色配：白色、黑色、灰色、黄色、蓝色、粉色等；

（3）黄色配：白色、黑色、紫色、咖啡色、绿色等；

（4）绿色配：白色、黑色、灰色、暗紫色、灰褐色、灰棕色等；

（5）蓝色配：白色、黑色、灰色、金色、银色、橙黄色等。

06 三色原则——服装的配色艺术

（1）西服、衬衫、领带、皮鞋、手帕、袜子等身上不超过三个色系；

（2）小三色：手表带、腰带、皮鞋颜色要力争一致，至少是一个色系的。

第三节　服饰搭配——点缀有节，不浮不夸

点水成晶，点睛之笔，捧来碧海三千宝；
叠珠缀玉，叠书之塔，落下银河一半星。

饰品是一种很好的点缀，用得好能够起到"画龙点睛"的作用。女教师为了展示人体美，可以在校园等工作场合佩戴饰物，如耳钉、手表、项链、丝巾、手提包、发饰等；也可以在交际场合佩戴帽子、墨镜、耳环、项链、手镯等。饰物的佩戴必须符合一定的礼仪规范和佩戴原则，以达到丰富魅力、展示高雅、合理渲染的效果。

佩戴饰物时，要与个性和着装协调。饰物与着装巧妙搭配，形成和谐的整体，以衬托仪表，体现个性，展示出教师的内在气质和高雅品位。现代饰品正确的佩戴对于表现教师的个性特点，增添个人魅力发挥着重要作用。但女教师不得体的饰物搭配会转移学生的注意力，影响教学效果。

衬衫和配饰领带、眼镜、手表、口袋巾应遵循颜色呼应原

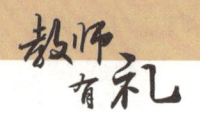

则。配饰耳环、戒指、手环同款同质，最多不超过三件配饰。

> 本节主要礼仪观点

01 配饰选择——教师的配饰佩戴选择应该注意哪些？

（1）场合原则——应与所处的环境、场合相适应。一般来说，只有在社交场合或休闲场合，教师才能佩戴饰物。而课堂教学、执行公务时则不提倡戴首饰；

（2）数量原则——数量上以少为佳，点到为止。一般来说，教师在公共场合中首饰最多不能超过三件，同款同质原则，配饰

女教师配饰越少越好，常用的配饰丝巾、耳环等

第三章 师之表——为人师表，率马以骥

男教师所戴饰物，教学场合适宜佩戴手表

越少越好；

（3）质地原则——戴首饰时质地上的原则是争取同质；

（4）体形原则——要使首饰与自己的体形相配，突出个性，不盲目模仿，扬长避短；

（5）搭配原则——戴首饰时，要尽力使服饰协调。例如，猫眼石、钻石不要与珍珠首饰同时佩戴。如果已经佩戴了胸花，就不宜再佩戴耳环等突出女性魅力的饰品；

（6）习俗原则——要懂得寓意，避免尴尬；

（7）身份原则——要令其符合身份，显优藏拙；

（8）色彩原则——力求同色。

02 配饰禁忌——教师的配饰禁忌有哪些？

（1）切忌过分闪耀浮夸；

（2）切忌过分绚丽夺目。

03 旗袍配饰——穿旗袍时，如何搭配配饰？

（1）宜穿与旗袍颜色相同或相近的高跟或半高跟皮鞋；

（2）皮鞋、眼镜、围巾、提包等身上所有服饰和配饰不超过三种颜色；

（3）穿旗袍时，鞋子、饰物、材料要呼应和配套，应当佩戴金、银、珍珠、玛瑙等精致的项链、耳坠、胸花等。

04 配饰须知——教师佩戴不同配饰时应该注意哪些方面？

（1）戒指（一般戴左手，不应戴过大过多的戒指）；

（2）项链（脸圆体矮配细长，脸长者配短，谨慎选择）；

（3）耳环（在校不是场合需要的尽量不戴，尤其是过于夸张的耳环）；

（4）手镯和手链（在教学过程中，一般不提倡佩戴）；

（5）帽子与头饰（从事教育教学活动时一般不主张戴帽子，女教师可选择精致、颜色与头发相近且比较简单大方的头饰）；

（6）领带与领带夹（在职场上应选光泽柔和、风格含蓄的领带，但不可过于花哨；领带夹应夹在衬衫的第四粒与第五粒纽扣之间）；

（7）胸花与胸针（在职场中一般不提倡佩戴胸花，但可点缀一枚精致的与服装相近色的胸针）；

（8）腰带或皮带（选择款式大方即可，黑色配色广宜首选）；

（9）包（女教师宜配手袋、挎肩包，男教师宜配公文包，注意千万不要把包塞得鼓鼓囊囊，甚至内物外露）。

05 领带佩戴——男教师佩戴领带时应该注意哪些方面？

（1）注意场合

公开课场合——男教师应打上领带；

休闲场合——一般不必打领带；

正式场合——必须系领带。

（2）注意款式

西装套装——非打领带不可；

单件西装——可打可不打；

非正式活动穿西装背心——可以打领带；

西服坎肩、鸡心领毛背心——领带要放在这些衣服内，领带下角不可从这些衣服下端露出。

（3）注意结法

挺括、端正，呈倒三角形。大小与衬衫衣领形成正比。

打领带时——衬衫应系好领扣；

不打领带时——领扣应打开；

领带结法——配合衬衫领型。

（4）注意长度

穿西装强调尺寸合身，领带当然也不应过长，领带合适的长度是领带底端落在腰带扣上为宜。

06 教师穿鞋袜时有哪些注意事项？

（1）不宜穿破洞的袜子；

（2）不宜穿造型奇异的袜子；

（3）不宜着正装光着腿；

（4）不宜鞋袜颜色不配套；

（5）不宜穿造型奇异的鞋子。

07 仪表堂堂——正式场合西装口袋可以放东西吗？

不可以。在西装的九个口袋中，西装上衣的下面两侧口袋原则上是不放任何东西的，东西只能放在上衣内兜里，西装上衣的上面口袋只能放口袋巾。

08 玉树临风——男士皮带插孔多少为宜？

皮带的插孔不宜太多：一般说来，皮带的长短，以皮带扣插入后皮带两头可以交错重叠为准，并以皮带头可插入第一个裤绊为宜，皮带插孔最好三至五个，系好后松紧程度以中间第三孔为标准。有的人为了方便，在皮带上打了一连串的孔眼，系在腰里，破坏了皮带整体效果，十分难看。

09 品貌非凡——什么是最标准的男教师正装鞋？

（1）黑色；
（2）有鞋带；
（3）三节头，三块皮拼成；
（4）独立的鞋跟。

10 唇齿相依——整体形象中最容易忽视的细节是什么？

当你在形象上花了很多心思之后，坐下来的一瞬间却露出了毛茸茸的小腿，这就像男士没有拉裤子拉链一样尴尬，教师需要的是一双长度达到小腿肚中间以上位置的长袜，这样才不会担心坐下来露出半截皮肤。袜子的颜色深蓝、深灰色即可。

第四章
师之态——落落大方，不卑不亢

导语

行为在体态，沟通在语态；目光在神态，责任在状态。

何谓师之"态"？是指教师在教育教学活动中的教态，如心态、神态、情态、姿态，包括教学过程中的站姿、坐姿、走姿、蹲姿、手势及表情运用等。

传道、授业、解惑是教师的天职，在教学中教师需要传授的不仅仅是学科知识，学生良好的行为习惯培养也尤为重要，而教师良好的教态直接影响学生习惯的养成，更是文明传承的榜样。

从古至今，教师在人们的心中就是文明礼仪的化身，在学生、家长及社会中都有着美好的形象。因此，教师的一言一行，一举一动，一颦一笑都是对教师美好形象的塑造，教师的言行会对学生产生潜移默化的影响。随着时代的发展人们对教师教态也有了更高的要求，教态是可以模仿的，又是可以塑造的，更是可以训练的。

师之态：落落大方，不卑不亢

古礼今用

孔子进朝行礼

入公门，鞠躬如也，如不容。立不中门，行不履阈。（论语·乡党篇）

孔子进朝拜见国君，走到朝廷门的时候，害怕而谨慎的样子，好像没有容身之地。站，他不站在门的中间；走，也不踩门槛。

国君并没有在座位上，但孔子经过国君的座位时面色便矜庄，脚步也快，言语也好像中气不足。提起下摆向堂上走，恭敬谨慎的样子，憋住气好像不呼吸一般。走出来，降下台阶一级，面色便放松，怡然自得。

走完了台阶，快快地向前走几步。回到自己的位置，恭敬而内心不安的样子。

在参加朝会的时候，自从进入中门开始的整个过程中，孔子一直都保持着恭敬而又谨慎的姿态，不敢有任何的怠慢和不敬。孔子的动作、行为、语言、姿态，无不严格遵守相关礼制，严肃认真，一丝不苟，充满了庄重敬畏的情感。

启示：

谦卑谨慎，恭敬有礼。

圣人孔夫子在朝会时面对君王就小心谨慎，恭敬有礼，作为现代社会的教师，在教育教学活动中，也应当体现对领导对同事的尊敬。

当今校园里，我们常常会看到这样的场景，在走廊和教室、办公室门口，老师和学生之间、学生和学生之间、同事之间相对而立地交谈时，有的甚至倚靠在走廊栏杆或者门框上，给其他人的通行造成不便，其行为仪态非常不雅，有失庄严。孔子所遵循的这种朝会礼仪虽然已经不存在了，但在当今的公众场合里，教师们应该遵守必要的礼仪。孔子朝会严格遵守相关礼仪的行为也提醒我们，校园是教书育人的地方，教师们更应当注重自己的行为举止，为学生起到示范性作用。

孔子路过君位时的仪态启示我们，在进校领导办公室及教室上课时，应端身正仪。在进入办公室时应当先敲门，动作轻柔，并以恭敬的姿态与领导交流。离开办公室时要后退几步并侧身轻轻关门。

礼仪观点

第一节　站姿礼仪——挺拔飒爽，立如松柏

站姿可见才华气度，步态看出自我认知。

古人讲，人生四相：站有站相，坐有坐相，吃有吃相，睡有睡相。教师不经意的一个小动作，往往会给学生造成不良印象。学生看在眼里，记在心里，却永远也不告诉教师那个细节，所以

师之态：教师的言行会对学生产生潜移默化的影响

教师在多数情况下失礼而不自知。

一、教师的站姿，体现了教师是否自信

得体大方的站姿是一名教师最基本的礼仪规范要求，站姿是一种静态的美。站姿体现了一个人的素养、德行和学识，自信的人走路时往往都昂首挺胸，表现出积极乐观向上的心态。

二、教师站得好，学生才有好的学习状态

开课前教师站姿的状态，决定了学生起立的速度。

教师作为社会的一个特殊群体，应当是认真、负责，充满自尊、自信，充满了爱；其精神风貌，则应当是热情开朗、豁达大度、朝气蓬勃、奋发进取的。教师在上课时，以精神饱满、挺拔的站姿站在讲台上的那一刻，学生所有的负面情绪都会一扫而空。教师在学识学风上要以身作则，率先垂范，真正做到"为人师表"。凡是要求学生做到的，自己要率先做到；要求学生不能做的，自己坚决不能做；要求学生不迟到，自己更应该做到，看似区区小事，实则细微之处见精神、做表率。

与其他工作相比，教学工作显然具有其特殊性，如教育性、规范性、示范性等。这种特殊性，自然也会体现在教师的个人行为上。要求教师规范个人行为，实际上就是指教师的个人行为应

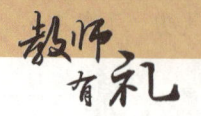

符合其职业要求。

三、教师的站姿也传递着威严中的谦卑

恭敬的站姿给人谦卑的感觉，教育工作者在公众场合传递出的形象应当是谦卑恭敬，而不是无礼傲慢。肢体动作往往会给他人留下深刻印象。在公共场合，特别是在正式场合里，教师举止经常会被交往对象视为一种充满寓意、传递一定信息的"肢体语言"。教师个人举止的基本规范应当适度与从俗。教师要着重注意自己站立时的仪态。在正式场合里有意识地注意自己的站姿。从而使自己的举止给人以修养良好、稳重成熟之感。

四、挺拔的站姿给学生正面的心理暗示

站姿又称为立姿，俗话说站相。站姿是教师在课堂中重要姿态之一，不同的站姿给学生心里带来不同的印象。教师站姿挺拔对学生的心理暗示是自信进取，站姿随意对学生的心理暗示是粗心随便，而站姿懒散则对学生有着自由散漫的心理暗示。与此同时，教师的行为也会潜移默化地影响学生的行为习惯。

对教师而言，主要有三项基本举止动作要求：一是要求合乎自身的习惯；二是要求合乎交往对象的习惯；三是要求合乎

第四章 师之态——落落大方，不卑不亢

社会的习惯。至于究竟要合乎其中的哪一种或几种习惯，则应视具体场合而定。

总之，学生印象最深的往往是老师的站姿，站姿美，不但美在形体，也美在精神，美在自信。

🔔 本节主要礼仪观点

01 仪态大方——教师在课堂上会应用到哪些教态？

（1）挺拔的站姿——头正颈直，肩开下沉，立腰收腹；

（2）稳重的坐姿——上身挺拔，立腰收腹、双腿直立；

正襟危坐是教学场合的标准坐姿　　　女教师规范坐姿

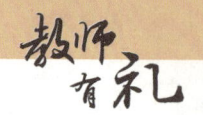

（3）得体的手势——手掌向上，五指并拢，手腕伸直；

人生重要的不是所站的位置，而是所朝的方向——引导不好自己，如何引导他人？

（4）谦和的交流——面带微笑，身体前倾，态度和蔼；

微笑让教师更加随和　　　　　　　　微笑是世界上最通用的名片

（5）亲切的微笑——眼笑眉舒，言笑不苟，笑语指挥；

微笑是和家长、孩子交流沟通的一把钥匙，看似简单，不见得人人都能做到

（6）有神的目光——目不斜视，慈眉善目、目光如炬。

看见才能被看见，尊重才能被尊重——如何捕捉学生的目光？

眉目有神可拉近和学生的距离

02 英姿挺拔——教师站姿在公众形象中为何如此重要？

（1）从教师的站姿可以看出才华气度；

（2）体（脂肪）不立，则形（漂亮）无力；

（3）骨（骨骼）不正，则气（表情）无力；

（4）教师站姿可体现师资素养、文明风貌。

挺拔的站姿——头正颈直，肩开下沉，立腰收腹

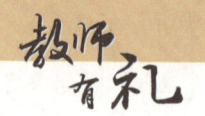

03 千形万态——教师在课堂中常运用的站姿有哪些？

（1）讲台上——原立位、小八字位，男教师可使用平行位；

（2）互动中——稳步走近学生，距离一米左右，小八字前手位站立，面带微笑，身体前倾；

（3）户外时——体育老师在授课时可使用跨立位站姿，更显力量和气势。

04 谦卑礼让——在校园里能体现教师谦卑礼让的站姿有哪些？

（1）迎接礼——挺拔站姿，身体前倾，面带微笑，点头示意；

第四章 师之态——落落大方，不卑不亢

（2）问候礼——微笑驻足，行注目礼，亲切问候；

（3）避让礼——在走廊或者空间狭窄的地方先驻足，然后侧身礼让；若是尊者，等对方离开后再行走；

（4）驻足礼——见到熟悉的领导、同事、学生，停下脚步，打招呼示意；

（5）电梯礼——电梯门打开时应快速进入电梯，面朝电梯门，向电梯内靠。如有背包，请提于手上，并置于胸前；

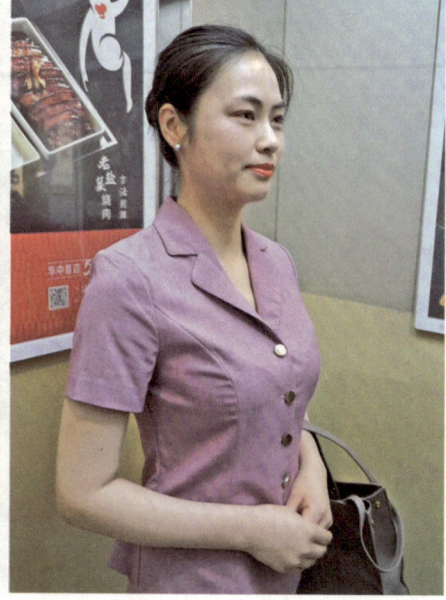

（6）放学礼——轻挥手，目相送。

05 升旗站姿——升国旗时教师应该怎样给学生示范？

（1）身姿挺拔，双手垂臂，保持肃静；

（2）行注目礼，注视国旗，随旗而动；

（3）齐唱国歌，声音洪亮，精神饱满。

第二节　坐姿礼仪——端身正仪，稳如磐石

从坐姿看人品，不服不行；以长相论才华，可叹可悲。

"这位同学，请坐下来说话！"通常来说，被劝说坐下来再说的人，一般情绪状态都不太好。焦虑、愤怒、紧张、激动、惊恐等是常见的情况。而劝说的一方必定保持着平静和理性。所以，坐下来谈的目的就是给双方平复情绪、恢复理智的时间。

一、"坐而论道"的文化内涵

两千多年前，孔子开坛讲学，弟子三千，坐而论道。这里的坐，就是大家一同坐在铺着草席的地上。孔子尊崇周礼，杏坛讲学。他说："席不正，不坐。"

现在许多学校的教师都要求学生注意坐姿端正，往往是从预防近视和颈椎病的角度考虑的，脊柱侧弯对青少年儿童的生长发育有严重的危害，排除遗传原因外，造成这一现象的主要原因，

就是孩子们的不良坐姿。

"坐而论道",这里强调的就是教师的教育教学要在道上,不能失去原则和底线,作为教师要为学生起到拉警戒线的作用。

二、"起而知行"的示范作用

理论基于实践,教师们除了教会学生书本上的知识以外,还要以实际行动起到示范作用。教师是人类灵魂的工程师,教师作为传道授业解惑的育人使者,承载着推动全社会文明进步的重要责任,承担着教书育人的光荣职责。坐姿是体现教师风范的方式之一,坐姿端正、作风正派、风度儒雅,无形中都成为学生和社会学习的楷模。教师是学校工作的主体,在传播知识的同时,更要关注学生的行为以及健康。

"与其坐而论道,不如起而行之",与其坐下来空谈大道理,不如行动起来、亲身实践,规范自身,正己正人,潜移默化,示范引领,给学生留下深刻的印象,从各方面成为学生能够效仿的榜样。

三、"坐立不安"的心理暗示

有时候教师在教学中坐立不安,也是焦虑症的一种症状,从心理学的角度来讲,常常感觉坐立不安可能是一种心理问题,甚

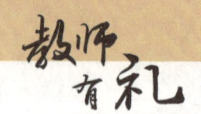

至是一种心理疾病，需要积极调整。

🔔 本节主要礼仪观点

01 正襟危坐——男教师坐姿的脚位和手位要注意什么？

（1）脚位——双腿略分开，双肩放松，两臂自然弯曲；

（2）手位——双手分别放在双膝上，亦可放在椅子或是沙发扶手上，掌心向下。

男教师脚位——双腿略分开，双肩放松，两臂自然弯曲

02 手胼足胝——女教师坐姿的脚位和手位要注意什么？

（1）脚位——双膝并拢；

（2）坐姿插图：正坐、侧点地、勾脚式

第四章 师之态——落落大方，不卑不亢

女教师坐姿脚位要点——双膝并拢

（3）手位——双手叠放于腿上，着裙装抚裙入座。

03 龙蹲虎踞——女教师正式场合的入座礼仪是什么？

（1）入座应共同遵循原则：轻声移凳，挺拔端正，前倾显尊敬，座椅归位显素养；

（2）入座前如果凳子的位置不合适，轻声挪动凳子，调整到合适的位置入座，切不可坐下后再拖动凳子；

（3）入座七步曲：轻声移凳，迈外侧腿，小腿肚触凳，女士抚裙，上身直立，调整脚位，调整手位；

（4）坐姿礼仪一般讲究左入左出，也就是入座的时候最好从座椅的左侧进去，这样做是"以右为尊"的一种具体体现，而且也容易就座。

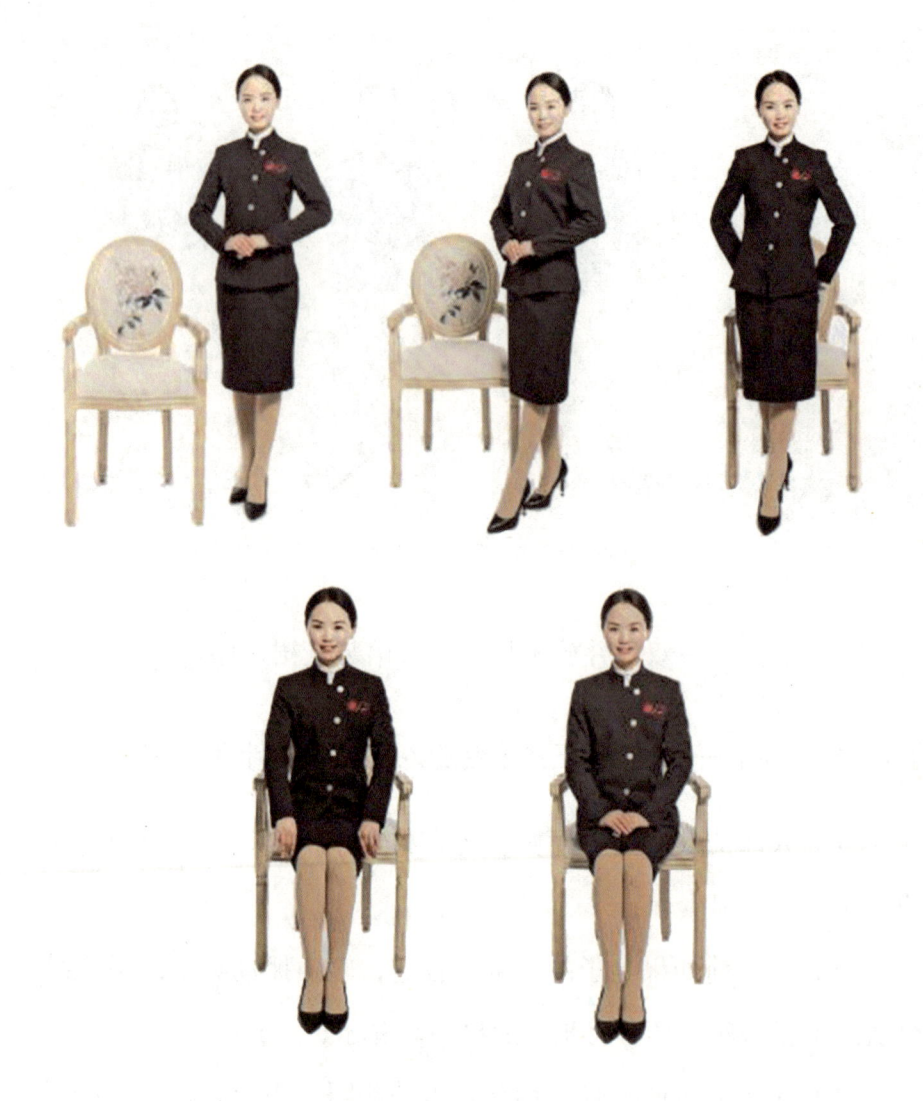

04 方正不苟——男教师坐姿规范是什么？

（1）落落大方，男教师坐姿"坐如钟"坐正，上身挺直；

（2）双腿略分开，双肩放松，两臂自然弯曲；

（3）双手分别放在双膝上，亦可放在椅子或是沙发扶手上，掌心向下；

（4）双膝可分开两拳左右的距离，脚态可取小八字步或稍分开以显自然之美；

学生的姿势是模仿教师的

（5）不可以尽情地打开腿脚，那样显得粗俗和傲慢。

男教师入座要点：轻声移凳，迈外侧腿，一只腿小腿肚先触凳，坐下时保持上身直立，调整脚位不过肩宽，调整手位

05 典则俊雅——女教师坐姿规范是什么？

第四章 师之态——落落大方，不卑不亢

（1）优雅得体，上身保持直立；

（2）双脚、双膝并拢；

（3）在公共场合和办公室场合着裙装避免走光，应双手叠放于两腿之上，穿职业套裙可放在裙摆边缘；

（4）脚位可变换位，正坐式、侧点式、前后式、交叉式。

06 职场坐姿——办公礼仪规范

（1）遇到家长来访，先起立问好，并热情接待，语言文明，举止得体；

（2）遇到领导进门，先起立恭迎，并目送至门口；

（3）在会议室召开学科（部门）会议时，遇到领导检查，先站立迎接，并邀请领导指导讲话。

07 促膝谈心——交谈时的坐姿怎样让人感到更舒适？

（1）上身直立，身体前倾；

（2）眼神关注对方；

（3）点头回应；

（4）切忌脚尖脚底不对人；

（5）不跷二郎腿；

（6）双脚岔开；

（7）不抖腿。

尽量把目光放在他人身上：和同事聊天的时候要看着对方，是对同事的一种尊重

第三节　蹲姿礼仪——密不透风，优雅从容

蹲下来说话，抱起来交流；牵着手教育，点头中启迪。

《礼记·中庸》中有言："好学近乎知，力行近乎仁，知耻近乎勇。"其中，"力行近乎仁"指的是教师应该身体力行为学生做出表率，从而对学生进行德育教育。在教育教学中，教师为了接近孩子，视线和孩子平齐，经常会选择蹲下来和孩子进行交流，甚至在孩子受委屈时，教师会蹲下来给孩子一个大大的拥抱，教师身体力行，用行为教会了孩子什么是尊重和爱。

在日常工作和生活中，人们对掉在地上的东西，一般是弯腰或蹲下将其捡起；或鞋带开了，需要蹲下来系鞋带等等，教师是孩子瞩目的对象，更要注意选择正确的蹲姿。

一、如果你爱孩子，请你蹲下来

爱孩子很简单，可对于孩子来说，被老师和父母理解才是最

渴望的事情。读懂孩子行为的潜台词这件事，是所有教师一生的课题。

教师必须蹲下来，以一个孩子的思想水平去琢磨，学生为什么这样？他突然发的脾气缘何而来？他突如其来的这一行为究竟代表什么？

当你从孩子的角度去观察，你会发现，自己才是"幼稚、不可理喻"的那个人。平日里总是声称最爱孩子的我们，却往往用大人无趣的思想，误解孩子最美好纯净的心灵。

爱孩子，就选择和孩子一样的高度和视线思考问题；爱孩子，就请你蹲下来。

二、蹲得下来，站得更高

蹲下，是为了迎接下一个更美好的跃起。

每一次低的起点，都是为了更高的翱翔。

珍惜眼前，保持视线平等，蹲下来，和孩子一起看世界！

🔔 本节主要礼仪观点

01 高矮不同——教师常用的蹲姿场景有哪些？

（1）捡拾物品或系鞋带时；

第四章 师之态——落落大方，不卑不亢

教室里捡笔、走廊、操场、食堂等校园场景蹲姿

（2）当师生身高差距较大时，建议交流时采用蹲姿。

蹲下身子，放下身段，就是抬高身价；蹲下来的是身子，提升的是身份！

02 错落有致——基本的蹲姿是怎样的？

（1）下蹲时右脚在前，左脚稍后；

（2）两腿靠紧向下蹲，右脚全脚着地，小腿垂直于地面，左脚脚跟提起，脚掌着地；

（3）左膝低于右膝，形成右膝高左膝低的姿态；

（4）臀部向下，以左腿支撑身体。

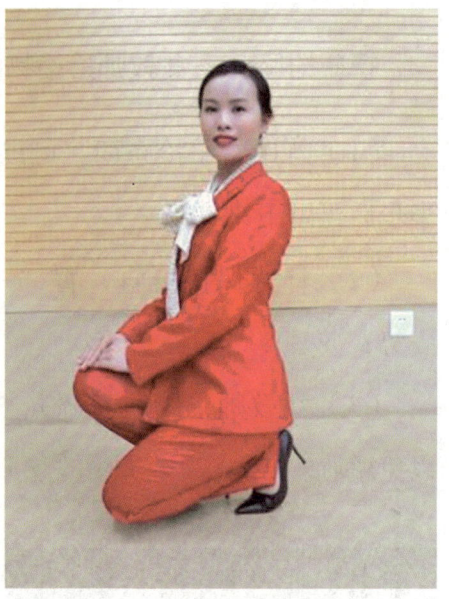

第四章 师之态——落落大方，不卑不亢

正式场合蹲姿

03 躬身屏气——捡拾物品时男教师的蹲姿是怎样的？

（1）若用右手捡东西，可以先走到东西的左边，右脚向后退半步后再蹲下来；

（2）脊背保持挺直，臀部一定要蹲下来，避免弯腰翘臀；

（3）男教师两腿间可留有适当的缝隙。

04 抚裙捂胸——女教师捡拾物品时的蹲姿是怎样的？

（1）若用右手捡东西，可以先走到东西的左边，右脚向后退半步后再蹲下来；

（2）脊背保持挺直，臀部一定要蹲下来，避免弯腰翘臀的姿势；

（3）女教师下蹲时双膝并紧，穿旗袍或短裙时需更加留意，以免尴尬。

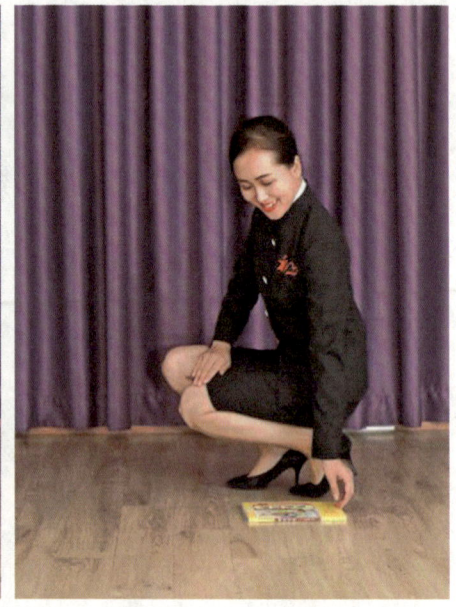

女教师下蹲时双膝靠近是要点

第四节　走姿礼仪——稳健有力，步步生风

眼中穿过一片天，心中读过五车书；
耳畔萦绕千言语，足下步行万里路。

行为学家明确指出："在一般情况下，要判断对方的思想弹性如何，只要让他在路上走走，就可以基本了解了。"从小我们经常会接受这样的教导：走路要昂首阔步，这无形中培养了我们的坚强性格和不屈不挠的品质。曾国藩认为，走路的时候，步伐稳健，像是有千斤重担一样，就说明这个人的内心很成熟，做事情也会小心谨慎，不会焦躁浮夸，正所谓：站姿看出才华气度，步态可见自我认知。正如古语所说"天将降大任于斯人也，必先苦其心志"，而有所阅历的人，就是那些经历过"苦其心志"的人。

一、趋步表达敬畏之心

古人的"趋步向前"，表示快速反应的起步。

教师有礼

　　有的人走路横冲直撞，有的人走路小心翼翼，走路姿势是一个人的心理状态的充分体现。人无敬畏之心，必无道德底线，古代的哲人们，对行走坐卧都有着很严格的要求，这就是为了让人们学会修身，比如说《礼记》中就有"帷薄之外不趋，堂上不趋，执玉不趋……授立不跪，授坐不立"。这就是老祖宗们给后代留下的经验，告诉人们在以上场合中，该如何行走坐卧。儒家中有"修身、齐家、治国、平天下"，如果自身不正，修养不足，则说明修身没有修到家，那后面的也就无从谈起了。

　　教师是学生的楷模，学习的榜样，教师要常怀敬畏之心，心有所畏，方能言有所戒，行有所止。教师要以身立教，为人师表，在领导呼唤时趋步相迎是对领导的敬重，在预备铃响起时趋步进入课堂是对纪律的遵守，在学生请求帮助时趋步上前是对学生的爱护。

二、踱步表达豁达之态

踱步是指慢慢地行走，速度不快。

领导者一般喜欢踱方步，喜欢踱步的人属于稳中求胜的现实主义者，他们非常稳重，头脑清醒，心胸豁达，具有较强的判断力和分析能力。成熟和稚气的区别就在于此，一个稳重，一个活泼。缺乏阅历的人，走路的姿势会很随意，往往会被人一眼就看出来。我们不妨仔细留意一下新闻联播中那些大人物的走路姿势，给人的感觉无不都是稳重、厚实。

哈佛大学的办学宗旨是培养出各行各业的领袖。实际上，教师就是学生们的领袖，学生是教师的追随者。领袖在追随者心中占据重要的地位，教师作为学生的领袖应如领导者一般稳重，头脑清醒，心胸豁达，让学生无论从知识还是举止都想去模仿。

运动无须贪图速度，锻炼无须贪图短效，步态无须贪图好看，教师的"踱"步是课堂里一道带领学生思考的风景，有益身心，只有找准属于你的步伐，教师的魅力才会发挥出来！

三、稳步表达从容之心

昂首挺胸，直线前进，两臂摆动，匀速前进。这样稳健有力的步伐，让人看到一个自信十足，精神抖擞的人，让人如沐春风。据研究，持有此类走路姿势的人是最容易获得社会认可的人，沉稳有力的步伐代表着他们有条不紊的内心世界，周围的一切都在他们的掌握之中。冷静、理性是他们身上最显著的标签。从心理学的角度讲，此类人有非常强的内部驱动力，在他们的内部体系里，能够给自己源源不断地提供前进的能量。即便遇到了棘手的问题，他们也能有效监督自己前进，他们有力的走路姿势便是这一力量的投射。拥有稳健步伐的人往往会有一颗从容之心。

我们常说，要给学生一滴水，教师要有一股源源不断的长流水。教师保持教书育人的初心，怀着从容之心，跨出稳健有力的步伐进入课堂，学生会被教师的气场吸引，学生学习兴趣也高，学习效果也好。日积月累，学生们这一滴滴的水，在教师这股源源不断的长流水的滋养下，自然而然地汇聚而成为江河，最后成为汪洋大海。

稳步慢行才能走远，望着未知的前路，教师要带领学生校对航线，不紧不慢，踏上属于自己的远方。

本节主要礼仪观点

01 鸭行鹅步——教师在公众场合哪些走姿是不雅的？

（1）方向不定，忽左忽右；

（2）体位失当，摇头、晃肩、扭臀；

（3）扭来扭去的"外八字"步和"内八字"步；

（4）左顾右盼，重心后坐或前移；

（5）与多人走路时，或勾肩搭背，或奔跑蹦跳，或大声喊叫等；

（6）双手反背于背后；

（7）双手插入裤袋。

02 款款而来——教师步态基本要求有哪些？

（1）上身基本保持站立的标准姿势，两臂以身体为中心，前后自然摆动；

（2）前摆约35度，后摆约15度，手掌朝向体内；

（3）起步时，身子稍向前倾，重心落前脚掌，膝盖伸直；

（4）脚尖向正前方伸出，双目平视，收颌，表情自然平和。

03 莲步轻移——女教师的步态要点有哪些？

（1）步履轻捷优雅，步伐适中；

（2）步幅一般在 30 厘米左右，每分钟约 118～120 步，可根据所穿鞋的鞋跟高度来适当调整；

（3）常见的走姿是一字步。其要领是行走时两脚内侧在一条直线上，两膝内侧相碰。

04 步步为营——男教师的步态要领有哪些？

（1）步履雄健有力，不慌不忙，展现雄姿英发、英武刚健的阳刚之美；

（2）步幅一般在 50 厘米左右，每分钟约 108～118 步；

（3）常见的走姿是平行步。其要领是双脚各踏出一条直线，使之平行，步伐快而不乱，与女士同行时，男士步子应与女士保持一致。

05 稳健从容——演讲、比赛时怎样的步态会为你添分加彩？

（1）一般遵循左上右下原则；

（2）稳健上台，从容退场；

（3）脚定、身定、神定、心定。

06 步履轻松——上下楼梯的步态是怎样的？

（1）国际惯例，靠右单行；

（2）上楼梯时注意上身保持直立，前脚掌着地，步伐要轻；

（3）下楼梯时控制脚步音量，注意姿态；

（4）保持1米以上安全距离。

07 步履如飞——在紧急情况下的步态是怎样的？

古汉语中写道："徐行曰步，疾行曰趋，疾趋曰走。"古人的行、步、趋、走、奔的步伐是根据事情的轻重缓急来决定的。

教师在课堂中讲课时可以采取如踱步的"步"姿；在平时步行中可采取普通走路的"行"姿；预备铃响起还没到教室时可采取快走的"趋"姿；在学生发生冲突或事故，可采取跑的"走"姿；在遇到危险，如发生地震，可采取逃跑的"奔"姿。

教师有礼

第五节 教师手势——指点江山，激扬文字

无声手势演绎温暖语言，春风细雨凝聚夏露清香。

手势是人类进化历程中最早使用的交际工具，先于有声语言。每个人都在自觉或不自觉地运用，往往是在内心情感的催动下，瞬间自然做出来的。手势可以反映人的修养、性格。《礼记·乐记》中孔子曰："言之不足，手之舞之。"由此可见，手势既可以有助于有声语言的表情达意，可以摹形状物，又弥补语言不足，而且它活动的范围较大，又

灵活自如，因此具有很大的吸引力和说服力。手势是教学内容信息传递的主要形式之一，使教学语言化深奥为易懂、化抽象为形象，生动活泼、形象生动。毛泽东同志曾倡导的十条教授法中，其中"以姿势助说话"这一条，强调的就是肢体语言的重要性。

一、教师手势

教师手势，是指教师利用手的动作与姿势传递思想感情、组织教育教学、展示精神风貌与职业修养的一种姿态。教师讲课对手势的基本要求是：形象有力，准确得当。

二、教师手势的分类

手势表达的内容十分丰富，据说有200多种，教师手势大致分为以下几类：

（一）象征性手势

表示抽象意念的手势。如教师讲课中描述到大河、高山、地球、宇宙等，都可以用手势表达。

（二）描摹性手势

用来模拟状物的手势。如教师需要描述对象的大小、高低、粗细、方圆、胖瘦等，都可用手势做出形象的对比。

（三）号召性手势

用来发号施令的手势。这种手势含有指示、命令的成分，在学校举行大型活动中使用频率比较高。如让学生集合与解散、起步与跑步、立正与稍息、左转与右转等。

（四）情绪性手势

用来传递情感道德的手势。这种手势表现出讲课人对某种事物和现象的特有态度。如肯定、否定、疑问、感叹、惋惜、兴奋、难过等。

（五）指示性手势

指示具体对象的手势。如在走廊上指向方向、在室外指向天地、在讲课中指向物品等。

（六）列举性手势

用来列举事物的手势。如在课堂上，讲到数字时，可以用手指一个一个地列举。

> **本节主要礼仪观点**

01 身手不凡——课堂上会运用到哪些手势？

（1）讲授时——立于黑板一侧，身体半侧，面向学生，手掌

第四章 师之态——落落大方，不卑不亢

铿锵有力的手势让教师在讲台上倍增身份感！

伸直，五指并拢，指尖指向黑板上；

（2）提问时——身体前倾，大臂带动小臂，手掌打直，掌心面向所要讲话的同学，小臂带动手腕，手掌五指并拢面向自己，用手掌的力量从外向内示意；

提问时的掌示语让学生感到受尊重

（3）请坐时——右手手掌打直，大臂向前推动，手掌面向所要回答问题的学生；

请坐时——右手（右手持有物品时就用左手）手掌打直

第四章　师之态——落落大方，不卑不亢

（4）鼓励时——夸赞：拇指向上，其他手指并拢；鼓掌：左手在下，右手在上，轻拍手掌心；

鼓励时——夸赞：拇指向上，其他手指并拢

鼓励时——鼓掌：左手在下，右手在上，轻拍手掌心

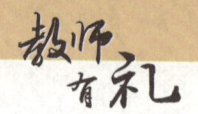

（5）禁语时——右手食指放于唇边；

让学生禁语时，右手食指放于唇边

（6）暂停时——双手五指并拢，右手掌心朝下位于胸口上端，左手指尖（或者五指并拢）顶住右手掌心；

第四章 师之态——落落大方，不卑不亢

（7）加油时——右手握拳，小臂举起。

02 大方之家——辅导学生时会运用到哪些手势？

（1）五指并拢；

（2）轻轻抬手；

（3）掌心向上，指向辅导内容。

03 彬彬有礼——递接物品时怎样的手势不失礼？

（1）递接物品的原则：尊重他人，双手递物或者接物显尊重；

（2）递送文件，文字正面朝向对方，手持文件近端三分之一处，方便对方接收；

（3）递接话筒，一手持话筒底部，一手托住话筒上端，方便对接；

（4）递锋利的东西，应将尖端朝向自己，以防伤到对方，也更方便他人接物。

教师有礼

学生交作业时，教师尽量双手接

04 气宇轩昂——做演讲、报告时用怎样的手势能增加气场？

（1）伸手（手心向上，前臂略直，手掌抬升至肩高，手掌向前平伸或微曲）——表示提问、赞美、欢迎、请坐等意思；

（2）举手（五指朝天，前臂垂直，手掌举至头部）——表示行动、表决等；

（3）鼓掌（一手持话筒，另一只手轻轻虚式拍掌）——表示欢迎、鼓励、认可；

（4）挥手（手臂向前，手掌向上挥动）——表示示意、道别。

05 应付自如——做接待工作中怎样的手势让对方更舒适？

（1）手势的要领：五指并拢、手腕伸直，掌心示人，大臂带动小臂；

（2）接待引导时——遵循公共场合的"尊右原则"，引领者在客人左前方一米处引领（如遇采访摄影摄像，应规避镜头）；

（3）遇到台阶时——如地面湿滑要随时抬手提示"小心台阶、小心地滑"；

（4）进出电梯时——五指并拢，使用中指或食指按住电梯按键，电梯门打开后，迅速进入电梯，一手摁按钮，一手做引导手势；

（5）请人入座时——五指并拢，掌心示人，手指指向椅子，"您请坐"；

（6）递接茶水时——在接待时奉茶，右手握住茶杯杯柄或杯身三分之二以下，左手托杯底，把茶杯轻轻放下，轻转杯柄，抬手示意，提醒"请慢用，小心烫"。

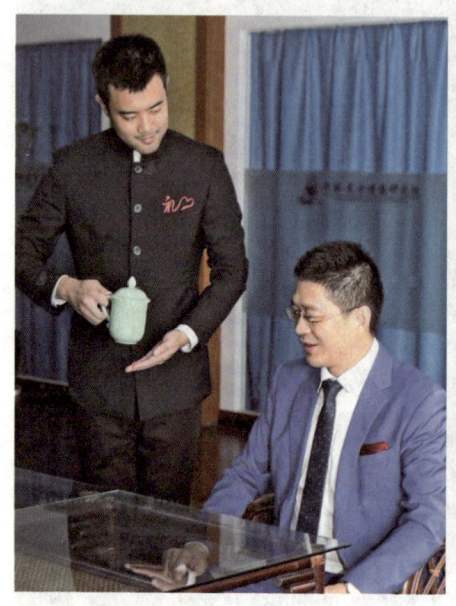

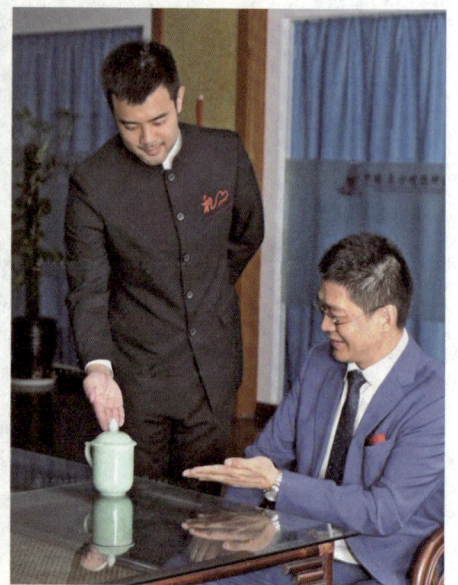

06 握手言欢——握手礼仪有哪些要点？

握手的技术是教师必备技能之一

第四章 师之态——落落大方，不卑不亢

握手也需要回力

握手讲究两个相对：掌心相对和虎口相对

力度传递的是信任

垂臂式握手：尊重郑重、正式社交场合

握手就是尊重他人的开始

第六节 教师表情——眉目传情，和蔼可亲

眼神透露是否自信，笑容暗藏欢乐程度；
表情丰富真情教书，眉目传情诚心育人。

表情，就是表达情感、情绪，是教师对于情感体验的反应动作。它与语言声调、身体姿态配合，传情达意，被称为无声语言。表情是心灵的镜子，尤其是面部表情，细微多变、丰富复杂，是教师个体表达、传达情绪情感的最原始和最直观的表达，它能表达丰富而又复杂微妙的情感。

对学生来说，表情就是一个教师的晴雨表，也是教师开展课堂教学的晴雨伞，是课堂中最直观，最富有生机、活力，最有魅力的"动态教具"。教师把表情运用到课堂教学中，往往起到事半功倍的教学效果。

一、教师的表情管理要从管理情绪开始

对于教师来说，良好的情绪通过面部表情能感染每一个学

生，使他们在轻松、愉快的氛围中快乐学习，教育教学效果显著。反之，若一个教师不懂得如何管理好自己的情绪，任由消极的面部表情无限放大，如果将这种情绪带到课堂，学生则会感到紧张、沉闷、压抑，迫切想要听到下课铃响。

因此，身为教师，管理好自己的情绪尤为重要！情绪是可控的，每一位教师都能通过后天努力成为情绪的主人。

二、教师表情管理的关键是心态的管理

很多教师在做微笑训练时都会说，"我不是不想笑，而是笑不出来"。教师在从事教学工作时，难免有工作压力。有压力是正常的，当压力过大，对个人构成身心伤害和效能降低时，教师应注意学会自我调节，正视生活和工作中的挫折和困难，调整好心态。

教师这份职业，要求我们要以学生的成长为自己价值的表达，以平静的心态看待自己的得失。当你觉得活得很累，不堪重负时，就要有"宠辱不惊，看庭前花开花落；去留无意，望天空云卷云舒"的那种态度。也只有做到了宠辱不惊、去留无意，方能心态平和、恬然自得，方能达观进取、笑看人生。

常言道："笑一笑，十年少。"乐观是促进身心健康的一剂良药。积极稳定的情绪和乐观的人生态度是教师的重要标志之一，也是促进教师阳光心态的重要条件。教师只有以乐观的心态来笑

对困难,才能平视社会,直面人生。

三、教师表情管理的落脚点要从行为训练开始

有研究表明,如果教师在课堂上板着脸,这种严肃冷漠的表情就会反作用于他的心态,使原来较为轻松愉快的心境变得沉重起来,而这种消极的心境又会使大脑皮层细胞受到抑制,使许多先前储存在大脑中的信息难以提取出来。即使是事先准备好的内容,也会讲得干干巴巴,甚至丢三落四,漏洞百出,其课堂教学效果可想而知。教师是学生的精神依靠,教师的态度对学生来说就是一把标尺。所以教书育人是师生情感交流的过程,而面部表情正是师生情感交流的"媒介"。教师不仅通过言语向学生传道授业解惑,而且凭借面部表情向学生传递教育信息、沟通情感,表达自己的教育意图,启迪学生、引导学生、感染学生。学生察言观色,透过教师表情的变化,也可以领悟、觉察到教师情感的变化,获得教师对自己评价的反馈信息。

本节主要礼仪观点

01 神采奕奕——教师的表情管理包含哪两个部分?

(1) 眼神

教师有礼

眼睛是心灵的窗户

眼神可以让他人读懂你，也可以让你读懂他人

眼神的沟通是交流的最好方式

第四章 师之态——落落大方，不卑不亢

良好的眼神可以最好地诠释出你对他人的尊重

眼波的流转让你由弱变强：不怒而威

（2）微笑

老师的笑容是对学生的理解、信任和宽容

02 炯炯有神——教师的视线如何运用？

（1）注视时间——视线接触对方脸部的时间应该占全部谈话时间的30%到60%。低于30%会被认为你对他的交谈不感兴趣，高于60%则会被认为你对他本人的兴趣高于谈话内容的兴趣。因此，教师在工作与生活中需要注意注视时间。

（2）注视区域——视线停留在两眼与胸部的三角形区域，被称为近亲密注视，多用于亲密朋友、恋人、亲人间的交谈；幼儿教师用这种注视方式注视孩子，如父母亲般充满爱意；但对于中学以上的学生，不适用这种注视方式，会被对方视为无礼或不怀好意。

（3）常用注视——视线停留在双眼和嘴部之间的三角形区域，被称为社交注视，是社交场合常见的视线交流位置；这种注视适用于与家长、学生以及同事的交流。

第四章 师之态——落落大方，不卑不亢

（4）严肃注视——视线停留在对方前额的一个假定的区域，称为严肃注视，能制造紧张气氛。如果你的视线停留在这一区域，对方就感觉到你有正事要谈，这使你保持了主动。这种注视方式适用于与校领导、家长以及学生的谈判。

03 不露声色——目光的"语言"有哪些？

（1）平视，视线呈水平状态。可以体现双方地位的平等，体现出人际交往的和谐。在与同事、家长交谈或与学生谈心时都可采取这种方式，会营造一种平等舒适的交往氛围。

平视可以体现双方地位的平等，体现出人际交往的和谐

（2）仰视，主动居于低处，抬眼向上注视他人。表示尊重，敬畏之意，适用于面对尊长。例如：开学典礼、运动会闭幕式等，这些全校性的活动中，常常会有领导、教师代表、学生代表以及获奖的师生上台讲话和领奖，这种被人仰视的感觉，会让台上的人感到被尊重。在课堂教学中教师站在讲台上讲课，学生仰视教师，教师得到学生的尊重，大大提高讲课的效果，同时教师邀请学生到讲台上发言，学生也会受到鼓舞。

仰视学生，让学生高一些，表示尊重，学生也会受到鼓舞

（3）俯视，抬眼向下注视他人，一般用于身居高处之时。它可对学生表示宽容、怜爱，也可对他人表示轻慢、歧视。这种方式只限于领导对下属，教师对犯错的学生，所以尽量不要采取这种方式，易造成与学生、家长、同事之间的交流障碍。

第四章 师之态——落落大方，不卑不亢

俯视，其可对学生表示宽容、怜爱，亦可对他人表示轻慢、歧视。所以一般情况下尽量不要采取这种方式，易造成与学生、家长、同事之间的交流障碍

（4）盯视，盯着对方审视，常常传递着一种不礼貌的语言。在课堂上遇到违反课堂纪律的学生，可以采取这种方式望向学生，既不打断课堂，又起到警告的作用。

盯视,在课堂上遇到违反课堂纪律的学生,可以采取这种方式望向学生,既不打断课堂又起到警告的作用

(5)睐视,睐着眼睛看对方,是不太友好的眼神,它除了给人有睥睨与傲视的感觉外,也是一种漠然的语态。这种方式一般只会偶尔对屡次犯错的学生使用。有时候老师不说话,不批评,一个眼神,反而效果更好。

睐视,这种方式一般只会偶尔对屡次犯错的学生使用。有时候老师不说话,不批评,一个眼神,反而效果更好

第四章 师之态——落落大方，不卑不亢

04 付之一笑——教师如何运用不同尺度的微笑？

（1）微笑的作用不仅仅只是拉近人与人的距离，在不同的场合运用不同的微笑会得到意想不到的效果。

真诚的微笑是最美的妆容

发自内心的笑容让你在职场之中更胜一筹

微笑的举止有度是个人涵养的最好体现

一度微笑 　　　　　　二度微笑 　　　　　　三度微笑

（2）在严肃、庄重场合不适合微笑。

第四章 师之态——落落大方，不卑不亢

05 情深意切——受学生喜欢的面部表情有哪些？

（1）肯定的眼神——注视点头，鼓励发言；

（2）亲切的笑容——眉开眼笑，表情丰富；

（3）赞许的目光——注视回应，点头认可。

第五章
师之行——爱岗敬业，从善如流

> 师者，行为世范；言行举止，为师之本；
> 师者，教之以事；行有为之，事做有为。

何谓师之"行"？师之"行"就是指教师应具备的社交礼仪，是教师对内和对外的交往以及危机公关等行为的总和，包括校园交往、对外交往、家庭交往等。

教师礼仪履行着教育的职能。教师礼仪是决定教育效果好坏、强弱的一个内在因素。教育活动的过程，是一个教育者与教育对象交流信息的过程，也是教师在校内和校外使用频率较高的日常礼节，教师懂得规范的社交礼仪，能为工作创造出和谐融洽的气氛，建立、保持、改善人际关系，提升沟通协调等综合素质能力。

教师的言谈举止、待人接物等，伴随着教育活动一起传递给教育对象。教育对象在接受教育的过程中，就有意无意地把教师的一举一动、一言一行一起予以接受。教师的礼与非礼，会对教育效果产生不同的效应。

教师礼仪作为教师的行为规范和准则，是教师精神文明的外在体现，它不仅是教师与学生关系融洽亲近的保证，更是构建校园和谐、社会和谐的条件。所以，教师的社交礼仪是教育活动的一个重要的组成部分，也是校园危机公关处理的必备职责。

师之行：开展校际交流是推动教育改革和学校发展的需要

情境教育视域下的课程建设与教学策略研讨会，旨在让学生更富想象力

理论上，教师课堂非言语行为（礼仪训练）的量化研究促进了教学过程中非智力因素的研究，深化和完善了教学交往研究；推进了对教师教学行为的量化研究

实践上，教师课堂非言语行为的研究和讨论，有利于更新教师的素养观念；有助于课堂教学整体改革；有益于教师职前和职后的教育培训

新学期，再出发：开学第一课，是教师与学生的第一次见面，在这堂课上，学生对教师产生的"印象分"将会永驻心间，对于教师日后开展教育教学工作来说非常关键，凡事预则立，不预则废

古礼今用

将 相 和

"有子曰：礼之用，和为贵。先王之道，斯为美，小大由之。有所不行，知和而和，不以礼节之，亦不可行也。"（《论语·学而》）

战国时期蔺相如被封为上卿，大将军廉颇对此表示不满，认为蔺相如只是一介书生，决定要好好羞辱他一番。蔺相如知道此事后却主动地避让不见，后来廉颇知道了蔺相如以国家安危为重，处处容忍谦让自己，深感惭愧，于是便负荆请罪。后来两人和好并一起治理国家，被后人尊称为"将相和"。

启示：

无论什么时候，做人都要以大局为重，要有宽阔的胸怀，退一步海阔天空。

教育活动自始至终是人们相互影响的过程，在这个过程中，其活动对象是人、活动工具或手段是人，产品也是人。这就是说，教育活动的整个过程都是以个人关系的形式来展开和实现的。教育活动的这些特点，突出地说明了教师的师德、师风和师貌在整个教育活动中的重要性和必要性，可以说教师礼仪是教育者应具有的职业品质。

教师有礼

> 礼仪观点

第一节　校园交往——君子之交，上下周详

漫漫学海路，步步催我行，莘莘学子携手共进鱼跃龙门；

悠悠书香情，丝丝沁我心，代代园丁含辛茹苦花香桃林。

教育是一种关注人的生存、生长、生命的特殊社会活动，交往作为教育存在的基本方式，必须引起教育者的高度关注。如今的网络有形与无形中影响和改变着人们的生活、思维方式，把人推向一个"数字化生存"的时代。由于受网络教学中语言的束缚，师生间的情感体验与交流也受到影响。因此在网络背景下，教师要深刻把握"网络一代"的特点，克服交往中的障碍。线上认真指导，线下真诚交流，达成师生同在、同生、同长，从而实现新课改的根本目标。

传统的"师道尊严"在信息时代也有新的变化，包括角色权威、知识权威、领导权威都处于解构之中。文化反哺背景下，需

要重新审视师生关系，解决对策包括正视文化反哺，保持良好心态，转换角色定位，平等民主交往，尊重请教学生，共同学习进步，注重学生差异，激发学生潜能等。

教师校园交往的礼仪主要有哪些方面呢？

一、教师与学生交往的礼仪

1. 尊重学生；
2. 关爱学生。

二、教师与同事之间的交往礼仪

1. 相互尊重，以礼待人；
2. 设定边界，保持距离；
3. 恪守底线，严以律己；
4. 端正态度，高效沟通；
5. 换位思考，理解包容；
6. 精诚合作，互帮互助；
7. 保持距离，亲密有度。

三、教师与领导之间的交往礼仪

1. 应当维护领导的威望和自尊；

2. 听从领导指挥，可在执行中提出建议；

3. 应多出主意，帮助领导干好工作。

在网络背景下实现师生良性交往的策略有哪些?

（1）尊重——让学生找回"真我的感觉"

尊重学生，包括尊重学生的人格、性情、爱好、个性、习惯、兴趣、选择等。学生一次不经意的、小小的帮助，教师也不要忘记道声谢。当教师坐在椅子上教育学生的时候，不要忘了让学生也坐着说话；课堂提问，可以让学生坐着发言，体现对他人格的尊重；错怪了学生，应当勇敢地对他们说声"对

一句轻轻的问候，一个关爱的眼神，一句亲切的话语，一个肯定的手势，无不显示着学生存在的价值

不起"……总之在师生交往中,要让学生感到教师是个有血有肉、有情有义的"人",不是高高在上、冷冷冰冰的"神"。唯有如此,我们的师生交往才会充满着温馨与人情,洋溢着人文精神的芬芳,才能使学生感受到做人的尊严,享受到被尊重的快乐。

(2)平等——让学生在对话中成长

素质教育的新时代,教育更要强调师生之间心灵的沟通、精神的相遇、生命的碰撞,追求师生之间的"对话"平等关系。当前师生交往应由教师"独白"向师生"对话"转变,由"权力主义"向"民主主义"转变。在"对话"中,教师与学生之间不再是征服与被征服、灌输与被灌输的关系,而是以尊重与信任,民主与平等为基础,彼此敞开自己的精神世界,共享知识、共享经验、共享智慧、共享人生的意义与价值。体现"教学相长,共同成长"的原则,达到共同参与、相互建构的目的,形成真正的"共同体"。

对师生交往中的角色,我们应重新予以定位。教师要跨越师生之间的年龄、地位身份、经历、经验的鸿沟,平等待人,练就一双"童眼"。不可在对话中压服对方,必须从心底里乐于接受学生的不同意见,敢于怀疑自己的观点。教师要学会"倾听",使学生敢于"诉说"。这样,师生之间的思想、观点才能在"对话"中得以相互碰撞、相互激发、相互接纳、相互融合,达到知识与精神的同构共生。

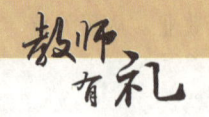

（3）沟通——走进学生的心灵世界

如果说"对话"为师生交往构筑了存在的平台，那么"沟通"则为两个空间（教师的成人空间和学生的儿童空间）连起了一条纽带，使师生拥有共同的世界。陶行知说过：我们必须变成小孩子，才配做小孩子的先生。苏霍姆林斯基也说过：学校的学习不是毫无热情地把知识从一个头脑装到另一个头脑中去，而是师生间每时每刻都在进行着心灵的碰撞。这就是说，教师首先要具有一颗"童心"，甘做一个"小孩子"，愿意走进学生丰富多彩、曼妙无比的情感世界，去体验、理解、关照和发现。与学生进行心灵的沟通、精神的交往，达到师生间的心心相印。沟通是打开学生心灵的钥匙，是解读儿童心灵的"密码"。

总之，教育是一种关注人的生存、生长与生命的特殊的社会活动。交往作为教育存在的基本方式，必须引起教育者的高度关注。和谐的师生关系，能使师生得以同在并同往，使师生得以敞开封闭的心扉，展示彼此的世界，实现心灵的呼应。唯有如此，师生才能在心灵的约会中探索生命的存在，演绎生活的真义，实现自我的价值，并创造出真正意义上的"人"的教育。

第二节　对外交往——开源节流，同心共育

自学好学勤学学而自用，走出去学，校际交流促发展；

无思厌思废思思而无功，引进来思，教育研讨共成长。

同流才能交流，交流才能交心，交心才能交融，交融才能共赢。作为一个学校，要有开放的、包容的心态和格局。

1. 吸收兄弟友好学校的教学优点、加强交流学习研讨；
2. 通过上级教研部门的调研、评课和检查、提升教学能力；
3. 用好对外交往媒介的宣传与报道、增加社会影响力。

与此同时，要善于发现自己的不足与短板，唯有如此，才能站得高，看得远，走得长。正所谓行稳致远，高瞻远瞩。

教师有礼

🔔 **本节主要礼仪观点**

一、兄弟友好学校——其德不孤，必有好邻

01 礼尚往来——如何回复兄弟学校的邀请函？

（1）及时回复——看到兄弟学校的邀请函，需要第一时间确定并及时给予回复，以示尊重；

（2）准确回复——针对邀请函的内容，准确告知是否接受邀请，派多少人参加，确认时间、地点、用餐、住宿等；

（3）礼貌回复——对邀请方的称呼要合乎礼节，使用尊称。

校际交流，当面呈送邀请函比发微信、打电话邀请都要隆重

第五章 师之行——爱岗敬业，从善如流

校际交流之向贵宾献花　　　校际交流之赞美花　　　校际交流之合影

递出的是情义，递出的是尊重

02 斯文在兹——如何撰写邀请兄弟学校研讨学习的邀请函？

（1）明确邀请对象——说明邀请兄弟学校的相关领导或职务人员；

（2）表明邀请事宜——明确表达邀请目的；

（3）标明注意事项——列明会议时间、地点、内容、主题，会议安排，可参与人数等；

（4）使用谦辞敬语——对别人要尊称，对自己要谦称；

（5）使用标准格式——参照标准书信及邀请函格式；

（6）及时送达对方——在第一时间送达对方，并注意对方的反馈信息，及时做好沟通。

（7）举例如下：

教师有礼

某某学校开展"创礼仪特色学校"研讨会
邀请函

尊敬的某某领导：

　　为弘扬中华优秀传统文化，着力培养学生礼貌友善、言行文明的良好习惯，我校特定于2022年10月18日（星期二）上午九点，在我校多功能会议室开展"创礼仪特色学校"研讨会，特邀请了礼仪专家莅临指导，为大家讲解校园礼仪的特点及如何创建礼仪特色学校的步骤，现诚挚邀请您及贵校的相关负责人一起参加。

某某学校（加盖公章）

2022年10月8日

03 知彼知己——到兄弟学校学习时应该注意哪些礼节？

　　当接到兄弟学校的研讨学习邀请时，除了第一时间及时答复外，还应注意：

　　（1）遵守时间约定——准时赴约，诚实守信；

　　（2）了解对方习俗——入境问禁，入门问忌；了解兄弟学校的礼仪习俗，如：有的学校进校门就要先向孔子像行礼；

　　（3）关注服装整洁——根据会议要求穿着，不要自己随意搭配；

　　（4）使用礼貌用语——"您好"不离口，"谢谢"表心意；

　　（5）注意言谈举止——行为举止大方端庄，语言精准表述到位。

04 迎来送往——兄弟学校来我校访问时要注意哪些接待细节？

（1）准时迎接——提前了解兄弟学校来访时间，安排相关人员在门口迎接；

（2）带领参观——带领兄弟学校的参会人员参观校园，介绍时应语言简洁，引导到位；

（3）确认主题——注意研讨会上的位次安排，学习过程中，还应关注参会人员的诉求、记录大家的发言、做好会议接待；

（4）送客礼仪——会后安排参与人员合影留念。

引导不好自己，如何引导他人？

教师有礼

三到位：1.眼神到；2.手势到；3.声音到"您好，请跟我来"

楼梯引导礼仪：站在客人外侧前方，让客人靠近内侧扶梯处（安全原则）

楼梯引导礼仪：引导多位来宾时，请客人先上台阶，站在客人外侧，提示"小心台阶"

电梯引导礼仪示范：没有专职人员控制电梯情况下，应该引导人员先进电梯，确保安全（先进后出原则）

05 既定策略——兄弟友好学校一般每年有哪些常规性的交流活动？

兄弟友好学校一般每年都会有的常规性交流活动有：

（1）重大节日——开学典礼、校庆、校运动会、毕业典礼、重大节日学校组织的活动等；

（2）课堂交流——跨校说课、微课、同课异构交流研讨；

（3）学术讲座——课程改革、高效课堂、复习备考、教师培训等专家指导；

（4）课题研讨——两校制定共同的校园文化主题进行研讨；

（5）竞赛活动——学生作文竞赛、百科知识竞赛、英语单词竞赛、数学竞赛等。

跨校说课、微课、同课异构交流研讨，经验交流会是一个平台，让教师们可以相互分享经验，学习管理技巧，共同解决学生问题

校际交流会议是部署工作、吸收经验的重要方式，避免盲目性和片面性，有助于推动工作，和兄弟友好学校的课程改革、高效课堂、复习备考、教师培训等交流活动保持常态化

二、上级教研部门——有礼有节，有理有度

01 水到渠成——和上级教师进修、教师教研部门的沟通渠道有哪些？

（1）组织公开课、示范课、优质课等；

（2）组织研讨、交流、培训、进修、学习；

（3）与教育教研部门的沟通可以通过邮件、电话、微信等方式，并实行专人、专职负责。

02 有礼有节——在公开课评课时要注意哪些表达方式？

（1）语言准确——点评简练，具有专业性；

（2）措辞到位——语气亲切，对事不对人；

（3）保护自尊——语言温和，保护教师自尊；

（4）行为得体——面带微笑，手势合乎礼仪。

03 不失分寸——公开展示课上，教师有哪些常见的行为失误？

（1）情绪紧张失控；

（2）动作失礼失态；

（3）课件操作失误；

（4）词不达意失真。

04 不吝赐教——如何对待其他教师在评课时对自己的批评？

（1）面带微笑；

（2）虚心聆听；

（3）做好记录；

（4）真诚致谢。

05 认真对待——上级业务部门在检查业务时要注意哪些接待细节？

（1）资料准备要充分——有保管，有存档，有规范，有预案，有归还；

接待工作理应是最富仪式感的工作之一，热情的笑脸、礼貌的语言、得体的举止，就是为了让客人感受到尊重，进而感到放松和愉悦

（2）接待礼仪要到位——有人员，有安排，有引导，有服务，有微笑；

（3）汇报工作要条理——有目录，有概要，有理论，有案例，有逻辑；

（4）教师风采要展示——有能力，有情怀，有爱心，有专业，有责任。

三、对外交往媒介——有短莫揭，有私不说

01 言之有礼——教师在家长微信群中有哪些禁语？

（1）违反群规的话不说；

（2）有失操守的话不说；

（3）有损人格的话不说；

（4）伤害他人的话不说；

（5）不切实际的话不说；

（6）涉及宗教的话不说；

（7）政治敏感的话不说；

（8）负面能量的话不说；

（9）教学无关的话不说；

（10）暧昧误解的话不说；

（11）涉及隐私的话不说。

02 口吐莲花——教师在学生微信群里侧重说哪些内容？

（1）多说积极鼓励的话；

（2）多说学业相关的话；

（3）多说热爱祖国的话；

（4）多说孝敬父母的话；

（5）多说尊师重道的话；

（6）多说友爱同学的话。

03 以身作则——教师在学生微信群里有哪些禁语？

（1）禁挖苦；

（2）禁讽刺；

（3）禁浮夸；

（4）禁对比；

（5）禁威胁；

（6）禁诱导。

04 双管齐下——教师让家长配合检查作业要注意哪些方式方法？

（1）及时引导——家校共育，才能卓有成效；

（2）及时告知——通知到位，才能检查到位；

（3）及时沟通——交流及时，才能有针对性；

（4）及时反馈——掌握信息，才能辅导到位。

05 适可而止——教师可以要求学生和自己进行视频交流吗？

（1）根据需要开视频——如语音类、音乐类、形体类、疫情线上课等；

（2）休息时间可语音——如早晚休息时间；

（3）公共场合宜文字——如户外活动、集体活动等。

06 不卑不亢——教师在接受电视采访时，要注意哪些言辞？

（1）说话不结巴；

（2）语调有升降；

（3）表达有感情；

（4）强调有重点；

（5）少用口头语；

（6）多说普通话。

07 简明扼要——教师在撰写教育教学成果及新闻报道时，有哪些要点？

（1）符合报道结构；

（2）做到一事一报；

（3）紧扣教育主题；

（4）把握教育动向；

（5）真实反馈成果；

（6）图文辅助说明；

（7）推理逻辑严谨；

（8）行文简单明了。

08 入国问俗——教师出国访问时，要注意哪些细节？

（1）尊重当地习俗；

（2）注意教师形象；

（3）了解学校背景；

（4）查找科研资料；

（5）谢绝私人馈赠；

（6）备好演讲发言。

09 热情周到——外国教育机构同行来访时，如何妥善做好接待工作？

（1）不卑不亢，要有大国自信；

（2）提前沟通，做好接待准备；

（3）有理有节，彰显礼仪之邦；

（4）礼尚往来，互赠必要礼物；

（5）文化输出，讲好中国故事；

（6）事无巨细，圆满学术交流；

（7）提防间谍，保卫国家秘密。

第三节　家庭交往——亲而不狎，爱而不溺

> 父亲母亲同心诱导，事半功倍；
> 学校家庭合力施教，劳轻效重。

《朱子治家格言》中有云：亲近不良的少年，日子久了，必然会受牵累；恭敬自谦，虚心地与那些阅历多而善于处事的人交往，遇到急难的时候，就可以受到他的指导或帮助。

家庭交往，是教师与家长在教育孩子健康成长的合作关系。为了实现教育的目的，教师不仅要与学生保持良好的关系，更要与家长建立和谐的人际关系。

1. 家访是家庭交往中另一种家校合作的方式；
2. 电访是家访的延伸，它比家访更快捷，是家访的必要补充；
3. 视频是家访的另外一种信任机制，它比电访更直观，是电访的升级形式。

不管是家访还是电访、视频，教师都是处于主动地位，让家长愿意配合学校开展工作。教师与学生家长密切配合，促进家长

更主动地参与教育,共同为学生营造出一个宽松、和谐的学习氛围,这对学生的健康,尤其是心理健康是十分重要的。

一、针对家长个性,采取不同措施

每一位家长都有自己的独特个性,教师要了解、顺应这些个性。个性并不等于缺点,比如说,有的家长比较开放;有的家长则比较沉默寡言;有的家长比较爱面子;有的家长则无所谓;有的家长文绉绉的;有的家长则比较粗放。我们要根据家长的不同个性特征,采取不同的应对措施,使接待具有个性化。

二、要选择合适的交谈方式

接待家长一般不要在办公室中进行。因为在办公室中接待,一是容易打扰别的教师的工作,二是在不安的环境中,会影响交谈的效果。若有条件,最好是在专门的接待室中交谈。有时,为了调节交谈的气氛,在幽静的校园中进行也未尝不可。

三、注意与家长进行思想交流

教师与家长交谈常常会把注意力放在学生身上,是不是可以做一些突破,比如,教师与家长之间可以聊聊家常,谈谈思想,甚至可以海阔天空，无所不谈。这样做有利于拉近距离，消除隔阂，增加信任，互相了解，相互促进。一般说来，相互了解以后，相互配合也就容易得多。在思想交流上，教师要主动，而不要把自己的思想、情绪、看法紧紧地包裹起来。可以这样说，教师本身的思想越透明，家长就会越欢迎你，你的工作也越能得到家长的配合。

四、要尊重家长的看法，平等解决问题

教师与家长之间是完全平等的。在接待家长时，教师要学会平等协商，切不可武断，或一言堂自己说了算，更不要责备或训斥家长。说话要留有余地，要充分征求家长的意见。在具体问题上有不同看法时，要尊重家长的看法。即使家长有不对的地方，也要有耐心，当场不能解决的可以留待以后再说。

总之，教师要有良好的气质和修养，气质多体现在一个人的文化和才气上，而修养则更多地表现在他的交往礼仪中。教师的一举手一投足，甚至一颦一笑，都蕴含着教育的力量。

🔔 本节主要礼仪观点

一、例行家访日——内礼外仪，知行合一

01 事无巨细——家访之前，教师应该注意哪些着装细节？

（1）服装得体——大短裤就不适合校园着装；

（2）着装禁忌——忌脏、忌露、忌透、忌短、忌紧、忌异；

（3）佩饰禁忌——穿着拖鞋进校园，耳环、项链等饰物奢华、夸张，都不适合教师行业。

02 整衣敛容——家访之前，教师应该注意哪些仪容细节？

（1）发型整齐——教师在校园内建议不要染发，忌披头散发；

（2）面容修饰——修剪鼻毛，保持清洁、忌喷过浓香水；

（3）妆容淡雅——不抹鲜艳口红、不染指甲、忌浓妆艳抹。

03 如约而至——如何把握家访时间？

（1）提前预约——确定时间段，给家长联系方式，以防对方突然有事；

（2）避开特殊——预约好要守时，不随意更改，晚上、午休或用餐时间不家访；

（3）围绕主题——家访时适当引导与交流，不偏离主题；

（4）时间把控——除了提前约定，家访时长要有限制，尽量控制在 60 分钟以内。

04 入门问讳——家访期间有哪些禁忌？

（1）忌突然袭击——不打招呼突击式的家访，会让家长和学生措手不及；

（2）忌行为随意——进门不换拖鞋、进出卧室等私密空间等有失老师身份；

（3）忌唯分数论——做到全面评价学生，坚持一分为二的观点；

（4）忌揭人短处——告状式的家访，让学生闻之色变，让家长望而生畏；

（5）忌情绪失控——避免与家长的直接冲突而导致两方对立；

（6）忌唱独角戏——要让家长和学生共同参与，做到家校信息交换。

05 个性定制——重点家访对象如何做到"一生一策"？

（1）提前做功课——根据实际情况，结合家访目的，事先拟好谈话内容；

（2）家访用心听——尊重彼此人格，设身处地，听家长反映全面情况；

（3）保持仁爱心——从爱心出发，不以偏概全，一差皆差；

（4）结束要总结——把发现的问题做好记录综合分析，及时总结思考；

（5）制定好策略——以平等合作的态度，向家长提供有效的教育方法。

二、家长接待日——接之以礼，待之以仪

01 择时而约——家长接待日一般选择什么时间为最佳？

（1）考试前后——根据期中及期末考试日期，做好备考前的

总动员工作；

（2）开学前后——班主任与家长建立联系，以利于了解及协调工作；

（3）法定假日之前——春节、清明节、端午节、国庆节等；

（4）特殊节日之前——教师节、孔子诞辰日、校园艺术节等。

02 随机而定——家长接待日地点选在教室还是办公室？

（1）小型教室办公室——个别家长，利于情感沟通，仔细聆听；

（2）中型教室会客室——同类家长，利于集中表达，统一发布；

（3）多功能厅及大型会议室——全体家长，利于政策传达，任务安排。

无论小型、中型还是大型会议室，在和家长交谈的时候，还要注意善于倾听，家长没有把自己的想法说出来，那根本就不是交流。

03 恰逢适宜——家长接待日，孩子要在旁边参与吗？

（1）偏于表扬的话题——鼓励孩子参与；

（2）偏于批评的话题——避开孩子进行；

（3）涉及隐私的话题——杜绝孩子旁听。

三、各类家长会——学会开会，才会成长

01 主辅益彰——家长会一般有哪些教师参与？

（1）班主任老师——向家长汇报学生近期在校的学习、生活、成长等成绩和表现，及需要家长配合的具体事宜；

（2）任课老师——接触孩子时间多，能获得学生的各种动态，根据其优缺点，帮助家长更好地教育学生成长；

（3）相关校领导——宣传学校办学理念、治校特色、管理要求、育人氛围，展示学校实施素质教育和办学的成果，张扬学生的个性特长。

02 主题清晰——家长会的主题一般选择哪些？

（1）品德教育主题——携手同心，共育英才；

（2）成绩汇报主题——为孩子鼓励喝彩，扬孩子理想风帆；

（3）安全防控主题——学生的健康成长和未来发展高于一切；

（4）同学相处主题——男女相处等敏感问题，社交礼仪、成长礼仪专题；

（5）师生融洽主题——走近孩子，读懂孩子；

（6）礼仪教育主题——诗礼传家，家校共育。

03 主次分明——家长会需要班干部做哪些辅助工作？

（1）预案工作——说明会议的目的议题，时间安排和准备互

动的问题；

（2）演练工作——按指定方案中的流程提前进行每一个环节的实操；

（3）布场工作——做好教室适宜的点缀及相关主题黑板报等现场布置；

（4）接待工作——会前在教室门口引领家长到学生座位及会中、会后接待；

（5）记录工作——帮助老师收集与记录同学们各科作业与成绩的登记等；

（6）总结工作——根据家长会上老师和家长所交流的内容做好汇总工作。

04 上下周详——家长会应该由学校做哪些接待上的安排？

（1）时间传达——按照教学要求确认会议时间，提前通知并做好宣传工作；

（2）主题明确——开会前要求各班级给家长发邀请信，说明会议目的与议题；

（3）接待到位——学生志愿者引导动作训练、微笑操训练等，负责到校门口引领家长到各班教室以及物品、茶水准备等；

（4）老师发言——准备发言稿，交学校审核，发言要简洁，语言要浅显。

05 运筹帷幄——家长会的时间分配是怎样的？

（1）准时守点——按通知时间准时召开，个别家长临时有事不能前来的，可特事特办，选择不同方式进行沟通交流。对于迟到、不来参会的家长，教师及时告知重要信息，个别约谈；

（2）合理分配——根据时间分总、分、支去安排会议内容，尽量不超时；

（3）主讲有度——班主任主要总结近期学生的学习、纪律、成绩，各个学生在班级表现、集体活动情况等。任课教师则应针对不同的学生，就各学科学习方法与家长沟通；

（4）互动有加——班主任与家长共同探讨，解决班级以前遗留及目前面临的问题。

06 家校联动——家长会上如何请家长来当客座教师或者经验分享？

（1）客座教师——专业特长的家长、专家、大学教授等教学活动补充，拓宽学生视野，促进家校交流。

（2）心存感恩——最近进步很大的学生家长的分享牢记家长期盼，体会家长艰辛，培养感恩意识。

（3）换位思考——问题学生家长可以一起寻求解决之道共同参与教育，理性换位思考，增强家校联系。

（4）前后呼应——孩子培养得特别好的家长，比如如何让孩子克服手机依赖症的经验分享。

　　家长以身作则，一起看书，共同学习，共同解决问题，充实孩子的精神生活。带孩子到户外活动，了解大自然，热爱大自然，开阔视野，增长见识。

第六章
师之言——片言之赐，皆我师也

导语

言之本在和，和之本在礼；善之本在教，教之本在师。

有礼就有师：片言之赐，皆我师也

教师们走到校园的每一个角落，都是一幅移动的画

何谓师之"言"？师之"言"是指教师言语中所要表达的基本思想，更是教师所显露的气度与温情。教师的话术，直接影响教育教学质量和学生的思想品德、行为的养成。师之"言"的要求是：文雅、纯洁、有分寸，不强词夺理，不伤人，以理服人。"言"包括与学生的沟通、与同行的沟通、与领导的沟通、与家长的沟通。

师之"言"是一种艺术的存在，它是开启智慧、照亮学生心灵的五彩阳光，更是指点学子遨游知识海洋，搏击人生赛场的风向标。教师的话语，就像泉水叮咚，滋润着每个学生的心田。

语言是教师传道授业解惑的一个重要工具，那么，怎样才能成为一个懂得说话艺术的教师呢？

在《中国诗词大会》的舞台上，主持人董卿在开场白中能把诗词融会贯通，节目中的各位老师在对诗句的点评和讲解时，也能够出口成章地准确解说，一字一句，如春风般散发着惊人的魅力！

一位对学生、对教育事业饱含情愫的教师，一定会向学生传递真诚与热忱。有情感、有温度、有思想的语言才是有魅力的语言。苏联著名教育家苏霍姆林斯基说过："教师的语言修养，在极大程度上决定着学生在课堂上脑力劳动的效果。"

古礼今用

孺子可教

张良是秦末汉初杰出的谋臣，年轻时的张良在一座桥上碰到一名白胡子老人，老人故意把鞋扔到桥下，走到张良面前，让他帮忙把鞋捡上来，张良立刻照办。当捡上来后，老人又说："给我穿上。"张良毕恭毕敬地给他穿上。老人笑着走了，走出老远又回来，边点头边对张良说："孺子可教！五天后一大早到桥上来见我。"

五天后，张良一早就来到桥头，却看到老人已在桥上了。老者生气地说："和长者见面，怎么能迟到呢？五天后一大早再来见！"五天后，鸡刚叫张良就来到桥上，可是老人又先到了。老人继续训斥张良来迟，让他五天后再来。说着转身就走。又过了五天，张良不到三更就在桥上等，他等了好一会儿老人才来。这回老人高兴了，就把一部《太公兵书》赠给他，让他认真学习。

张良拿到兵书后如获至宝，回到家中昼夜阅读，苦苦研究，最终成了汉高祖刘邦的建国元勋。

启示：

从故事中我们受到启发，教师应该敢于对学生严格要求，磨炼其耐性，去除其傲气。同时教师在教育学生过程中不要急于求成，要循循善诱，耐心教育。

> 礼仪观点

第一节　教师和学生的沟通
——亲其师而信其道

孕育情感，课堂内外融合多交流；
守护心灵，家校互动反馈促沟通。

沟通是促进人际关系的重要手段。师生关系也是一种人际关系，在这种关系中，同样存在着人际关系沟通的普遍规律。因此，教师只有遵循这一规律，才能与学生有效沟通，只有掌握有效的沟通技巧，才能用正确的语言表达来实现。

教师的口头语言及肢体语言相结合才是最好的表达

一、教师语言的原则

得体原则、宽宏原则、褒奖原则、谦虚原则、一致原则、同情原则

二、教师语言的规范

普通话标准化、专业术语标准化、口语表达标准化、身体语言标准化

> 主题——教师表示对学生的歉意

教师也会犯错,那就用行为表示对学生的歉意(鞠躬礼)

三、教师语言的要求

01 言之有理

对学生教育要"动之以情,言之有理。"要多给学生讲道理,以理服人,不随意发脾气。

02 言之有礼

在任何情况下,言谈要文雅、和气、谦逊,不说粗话、脏话;要尊重学生、热爱学生,不恶语伤人;要多用商量语气,不要粗暴无礼的说教;课堂上多鼓励,不训斥。如"好吗""你能行""你一定能"。

03 言之有物

忌空洞的说教。教师是人类文明的传播者,历来以知书达理、语言规范、文明受到人们的尊重。教师要用语言魅力去打动学生、潜移默化地影响学生,塑造他们的心灵,教师的语言应是学生学习的典范。

四、教师语言的艺术

1. 发音:深吸气,到丹田,发声时,腹用力,护声带,讲课长。

教师邀请学生起立错误
手势（指势语）

教师邀请学生回答问题
正确手势（掌势语）

2. 语速：节奏快，效果差；节奏慢，效率低；有缓急，才紧凑。

3. 语调：强调高，陈述低；重点高，疑问低；引注意，质量高。

五、教师语言的魅力

01 礼貌用语

礼貌用语不仅要在社交中运用，在教学中更应加以运用。

讲文明话就是要使用规范的礼貌用语，尊重别人、尊重自己。"请""对不起""谢谢"等礼貌用语经常挂在嘴上，让学生既感到与教师之间平等，又感到教师谦虚可敬。在教学中常引用一些名言名句或成语，能让学生感到教师词语文雅、生动、丰富，也就更敬重教师了。

02 课堂用语

（1）要讲普通话，使用普通话教学，引导学生讲普通话，对学生未来有很大帮助。

（2）要讲文明话，语言规范，诚恳亲切；生动有趣，抑扬顿挫；语速适中，委婉柔和；吐字清晰，咬字准确；低级趣味，有失师德。

（3）要讲现代语，要与时俱进，有现代感，不能满口之乎者也，看似很有学问，却不大容易与别人沟通。

（4）要讲直白话，要直白而形象、浅显易懂、循序渐进，强调以理服人、以例服人。不要枯燥乏味，不要玄奥晦涩。

六、教师的沟通技巧

1. 语速——慢一点比快一点好；
2. 音量——高一点比低一点好；
3. 句式——短一点比长一点好；

4. 激情——多一点比少一点好；

5. 气势——大一点比小一点好；

6. 节奏——有一点比无一点好。

本节主要礼仪观点

01 失礼则昏——学生眼中教师在语言方面有哪些失礼现象？

（1）吐字不清；

（2）口头禅，比如有的教师经常说"那么""这个"等；

（3）普通话不标准，让人听着不舒服；

（4）说话不算数，经常食言；

（5）语言不得体，太俗气，不能登大雅之堂。

02 欲言又止——如何解决教师和学生沟通难的问题？

语言是连通心灵的桥梁，运用语言技巧能与学生拉近关系。因此，一位卓越的教师，要把语言技巧当成一门技能。

教师语言"整理术"有五种模式。

（1）模式一——表扬

抓住学生某一次和老师打招呼的机会，及时表扬："你能主动打招呼了？有进步啊！"

（2）模式二——批评

"今天没有做到主动打招呼的同学请站起来，不和老师打招呼是非常失礼的行为！"明确指出错误所在，简短具有震慑的语言引起学生重视。

（3）模式三——提问

"同学们回想一下今天有没有主动和老师打招呼呢？"提问的目的是让学生思考。

（4）模式四——鼓励

"老师非常理解还没有做到的同学，没关系慢慢来，你一定会突破这种紧张的。"用理解的口吻稳定学生的情绪。

（5）模式五——反向激励

"这个对你来说太难了吧？你以后见到老师要不就不要打招呼了？"正话反说激起学生挑战自我。

第二节　教师和家长的沟通
——勠其力而同其心

五千年古国，郁郁乎文哉，柳暗花明，庆新风吹向大地；十亿人家庭，彬彬者礼也，欢颜笑貌，歌盛世美满乾坤。

孩子的健康成长是学校、家庭和社会共同努力的结果，忽略哪一个环节，都会对孩子的个性发展造成巨大的影响。而作为第一任教师的家长，由于其身心发展水平及社会生活经验总要先于子女，这就决定了家长对于子女，尤其是青少年儿童的教育更是有着潜移默化的影响。每一个教育工作者都希望通过学校和家长的共同努力，使他们在家里成为好孩子，在学校成为好学生，在社会成为好公民，为孩子的健康成长铺设道路。所以如何有效地同家长进行沟通就显得至关重要。

🔔 **本节主要礼仪观点**

01 尊重原则——不同的家庭如何用不同的方式进行沟通？

教师与家长相互沟通，主要是了解学生在家以及在学校的学习和生活情况，教师和家长沟通过程中应相互尊重，决不能因为学生在校的不良表现而迁怒家长，也不能"告状"和数落家长，不要言过其实，更不要捏造事实。

不同的家庭要用不同的方式进行沟通：

（1）文化型的家庭——先如实反映，再请教措施；

（2）溺爱型的家庭——先肯定长处，再指出不足；

（3）暴躁型的家庭——先稳定情绪，再提出建议；

（4）放任型的家庭——先指出影响，再激发态度；

（5）学困生的家庭——先发掘闪光，再燃起信心。

02 一线生机——和家长通电话时要注意哪些沟通原则？

（1）情绪的准备——调整情绪，嘴角上扬；

（2）通话的艺术——自报家门，控制时间；

（3）时段的把控——预约时间，方便沟通。

03 隔空建群——和家长微信沟通的原则是什么？

（1）正面沟通——直言情况，不聊私语；

（2）不谈隐私——班级聊天，保护隐私；

（3）内容慎重——目的明确，慎言慎语；

（4）不发广告——只谈学情，不讲生意。

第三节　教师和同行的沟通
　　　　——同其心而协其力

　　得同事不易，失同事不难，勿道同事无用，其实成败全靠学校同事；

　　借下属之力，享下属之敬，莫以下属可欺，须知领导也是组织下属。

　　英国著名作家萧伯纳论人与人之间合作交流的重要性时说：两个人在一起交换苹果，与两个人在一起交换思想完全不一样：两个人交换了苹果，两个人手上还是只有一个苹果，但两个人交换了思想，每个人就同时有两个人的思想。

　　我们常常只关注师生之间的沟通及学生之间的合作交流，教师作为思想的传播者，教育的领航人，与同行之间的交流与合作在新时代其实更为重要。

　　合作交流不仅是一种学习方式，更是一种教育观念。"为人师表"要求教师的道德应具有表率性，典范性。现代社会要求人与人之间需要学会合作，没有人与人之间的密切合作，社会就不

第六章 师之言——片言之赐，皆我师也

会快速健康地发展。因此教师不仅要在校内经常与同行多研讨交流，提升教学技能，还要走出去、请进来，与校外交流合作学习，多方面提升教学质量、管理能力等。

深入参与教研活动，加强切磋，协作互进，共同提高（手机不要放会议桌上）

教师与同事的关系是教师工作中人际关系的又一个重要方面，这种关系主要表现为班主任与科任教师之间的关系，相同学科、不同学科教师之间的关系，新老教师、前后任教师之间的关系等。

一、要处理好班主任与科任教师之间的关系

班主任要与科任教师共同完成对班级的常规管理和教学任务，因此，应该相互理解、相互关心、相互尊重、相互支持。

作为班主任，遇事要多同科任教师商量。比如：在制定班级

目标、选配班干部、评选三好学生等问题上，加强与科任教师之间的沟通交流，听取他们的意见和建议，邀请科任教师一起参加班会、团（队）会以及其他班级活动。班主任要主动为科任教师搭台，教育学生对于所学的学科都要予以足够的重视，及时妥善地解决好学生与科任教师之间的矛盾。在学生和家长面前赞美老师的优点，维护老师的尊严，创设良好的班级教学氛围，使任课教师能够心情愉悦地完成教育教学任务。另外，班主任还要注意互通信息，协调其他科任教师之间的关系，了解他们所教课程的进度，调节不同学科的作业量。

作为科任教师，不仅要认真完成自己的教育教学任务，还要关心班集体建设，关心学生的全面发展；要加强与班主任的联系，细心观察并主动向班主任反映学生的思想和学习状况；积极献计献策，配合班主任组织和开展好各项活动；尊重班主任的管理和工作安排，在学生和家长面前维护班主任的威信。

二、要处理好相同学科教师之间的关系

在相同学科教师之间，既相互合作又相互竞争的关系表现得尤为明显。我们极不情愿看到，由于不同学校之间、一个学校的不同班级之间，相同学科的教学存在着班级学习成绩、教师课堂教学水平等的竞争，个别教师产生"同行是冤家""鸳鸯绣了从教看，莫把金针度与人"的不良思想，以至于封锁资料、闭锁知

识、教育教学经验秘不示人，这种思想和行为对于教师集体的团结和学科教学质量的提高都是十分有害的。

为了提高教育教学质量和效率，圆满地完成教书育人的任务，相同学科的教师之间要加强彼此之间的信息沟通交流，深入开展教研活动，加强切磋，协作互进，共同提高；要相互学习，取长补短，切忌阳奉阴违，盛气凌人；教师自身要虚心好学，学习别人长处，学习别人的教育教学经验和班级管理艺术；更要严于律己，宽以待人，切忌嫉贤妒能，以邻为壑。

三、要处理好不同学科教师之间的关系

"文人相轻，自古而然"。教师之间学科不同，教育过程相对独立，使得公开、公平、公正地进行不同学科教学和教育质量的评估有很大的难度，教师对于不同的学科之间缺少深入的了解，进而认为自己所教的课程很重要，希望学生喜欢自己学科，轻视和贬低其他学科，这是错误的。

随着社会的发展和科技的进步，各学科之间渗透与融合的现象日益突出，其相互依赖、相互联系、相互统一的特点日益彰显。根据这一趋势，任教不同学科的教师之间应该树立全局观念，维护其他学科教师以及所教课程在学生心目中的重要地位和意义，主动配合其他学科的教师共同完成教育教学任务。要不断完善自己的课堂教学艺术，改进教学方法，提高教学效率。在自

相互尊重、相互帮助、相互学习、相互促进，落座时身体的方向就是态度

己的课堂教学上对学生的要求要有分寸，使学生能够有充足的精力学习其他课程。

四、要处理好新老教师之间的关系

　　老教师学识渊博、经验丰富，遇事头脑冷静，处理问题细致缜密，是教育事业不可多得的宝贵财富。作为老教师，要克服"教会徒弟，饿死师傅"的陈腐思想，改变"猫教老虎——留一手"的错误做法，以对教育事业高度负责的使命感和诲人不倦、无私奉献的精神，把自己的知识经验、技能技巧毫无保留地传授给青年教师，以老带新、以老促新，使青年教师思想上尽快成熟、业务上尽快提高，为青年教师早日成长为合格的人民教师搭好"人梯"。

　　青年教师朝气蓬勃、勇于创新，一般学历都比较高，掌握现

新老教师相互讨论学习，多向老教师请教

代教育理论，具有现代教育思想，但是缺乏实践教学经验。因此，青年教师要以老教师为榜样，虚心学习，遇到问题多请教，使自己的工作少走弯路。同时，也要多与老教师交流，尽力帮助老教师解决工作中的困难。

新老教师要加强了解和联系，相互尊重、相互帮助、相互学习、相互促进，形成"新敬老、老爱新"，相亲相助的良好氛围。

五、要处理好前任教师与后任教师之间的关系

在实际工作中，常常有教师中途离任和接任的现象。对于前任教师来说，要在学生和家长中为后任教师做工作，使他们从感情上能够接纳后任教师；同时还要把自己在班级和学生管理、学科教学等方面了解和掌握的情况、采取的做法、取得的成效、存

在的问题等毫无保留地介绍给后任教师，保证班级管理和教育教学行为的延续性。

对于后任教师来说，必须遵循"理解学生心理，提高别人声誉"的原则，要尊重前任，充分肯定前任的工作成果，要谦虚谨慎地把自己放在一个学习者的位置来担当接班人，切不可因观点与做法不同而贬低前任，否则，受贬损的恰恰是后任者自己；要多听听别人的意见，尤其是前任教师和其他科任教师的建议，以便使自己迅速进入角色，在工作中得心应手。当然，也不要墨守成规，要发挥自身的特长，选择时机，适当改变前任教师的工作安排，但要力争不影响，甚至是提高前任教师的威信。

教师在社交场合有哪"五不谈"？

（1）不能非议党和政府。这是讲政治，也是职业道德基本要求，围绕"举旗帜，聚民心，育新人，兴文化，展形象的使命任务"，在学生中广泛践行社会主义核心价值观；

（2）不能随便对交往对象加以非议；

（3）不能随便议论同行、领导、同事和学生；

（4）不能涉及格调不高的话题：家长里短、小道消息、男女关系、黄色段子、绯闻、凶杀惨案等；

（5）不涉及个人隐私问题。一般社交场合下，隐私问题有"六不问"：不问收入、不问年龄、不问婚姻、不问健康、不问职业经历、不问居所何在。

第四节　教师和领导的沟通
——同其道而从其志

> 志同道合，言行一致，如沐千群校园春风；
> 同舟共济，求同存异，共建和谐双赢关系。

教师除了"传道授业解惑"之外，还有一个重要的沟通对接的对象，就是学校的领导。学校领导是统揽全局，担负整个学校教育，贯彻国家教育总方针的执行者。因此，处理好教师与领导的关系，不仅有利于学校教育工作的顺利开展，更有利于教育教学工作得到领导的关心和支持，促进教师工作积极性，提高教学质量，融洽教学团队良好关系。

教育教学工作的正常运行，取决于领导和教师能够顺畅沟通。学校犹如一个大家庭，虽有角色职责的不同，但不该有贵贱之分。学校是"我"的，也是"你"的，彼此都应将主人翁意识体现在自己的一言一行中。领导与教师之间应建立起和谐双赢关系，不断增进彼此的理解、坦诚、赞赏、守信、有担当。学校领导是管理者，又是责任者，要学会"低下头来""秉公执法"，要呼唤平民意识的回归，要有自知之明。学校教师是被管理者，又是教育教学的具体执行者，面对领导的时候不能"失态"，要不断加强自我修养，要坚定教师的"角色观"。校园干群关系还需要合理选用沟通平台，同时加强彼此的感情交流，让学校和个人真正实现共谋发展。

校领导进入教师办公室时，应站起来打招呼，是为"起立礼"

01 尊卑有序——如何善于与领导打招呼？

（1）下属遇到领导，主动上前打招呼。如果在校内公共场所遇到领导，应该停步打招呼，用对职位称呼和礼貌用语。如果距离不方便，可注目、欠身以示尊重。

（2）在校外公共场所遇见领导，不要表现出特别的热情，礼貌招呼即可。切忌在公共场合下热情过度，嘘寒问暖。

（3）不要在办公室或人多的情况下与领导谈家常。

第六章 师之言——片言之赐，皆我师也

在校内公共场所遇到领导，应停一下脚步打个招呼，是为"驻足礼"

（4）学校组织重要集体外出活动时，大巴车前两排座位要空出来，给领导和晕车者留座；在公共汽车或地铁上遇见领导，要主动招呼并让位，下车也别忘记招呼"再见"。

（5）偶尔碰到领导的隐私时，应装作没有看见或者看不懂，不要触及领导的隐私，更不要再次提起，或者在同事间传播。

02 换位思考——如何积极应对领导的批评？

人无完人，如果工作中有失误，领导批评指正是正常的，越是跟领导关系近的，被领导看中的，可能被批评就越多，相应得到的经验和成长也就越多。

（1）听懂领导的话外音，虚心接受领导的提点。随着文明程度的不断提升，特别是领导，大部分时候都不会歇斯底里地训斥，而是用比较温和的方式提醒，我们要听得见，听得懂，并及时更正。

（2）不推诿，不逃避。在工作中偶尔有失误是难免的，领导给予批评要虚心接受，反省修正。不论是小失误还是大错误，事情发生了，产生了不好的影响，一定要正确接受和面对，并及时止损，以免造成不良影响。推诿逃避不仅不会减少损失，还会给领导和同事留下不好的印象。

（3）虚心接受并及时调整执行，最好能够有个深刻的"自查""检讨"，这能让领导看到你的虚心和自我总结的品质，定会留下好印象，在以后的工作中，也能更多地获得领导的信任。

03 有条有理——如何与领导汇报工作？

（1）提前准备——不打无准备之仗，提前准备，首先厘清将要沟通的内容，可以提高沟通效率。

（2）重点突出——汇报的内容必须简明扼要，重点突出，不要语无伦次，杂乱无章。

（3）逻辑清晰，用语精炼——汇报内容逻辑清晰，有条有理。在汇报工作时，说话要有依据，用数据说话，有专业素养。不长篇大论，语言要精炼。

（4）主动决定——如果要领导决策的，可以提前准备好二选一，或者自己提前做好分析，让领导做决策就好。不要让领导去思考对策，只需作比较，可以帮领导省心。了解你的领导喜欢什么样的汇报，习惯什么样的思维方式，投其所好，同频共振，更能在汇报工作时达到他的预期，得到领导的认可。

（5）换位思考——学会换位思考，在准备工作汇报材料时学会站在领导的立场看问题，因为只有这样，才能做出最符合领导心意的汇报材料。

第七章
师之会——议而有决，决而有行

导语

会而有议，议而有决；
决而有行，行而有果。

何谓师之"会"？师之"会"就是有计划、有组织、有目的的议事活动，它是在限定的时间和地点，按照一定的程序进行的活动。师之会包括各种例会、校园仪式、主题会、家长会、教工会、运动会、教研会等一系列会议。

学校是教书育人的地方，承载着传道授业的使命，学校无小事，事事皆育人；教师无小节，节节皆楷模。每件事情、每次会议都需要事无巨细地安排，精心组织，稍一疏忽就可能会发生问题。

因此，如何在学校会议中做到会而有效、会而有果、会而有礼，是每位校领导需要思考的问题，也是教师教学活动中的重要环节。

评课时，力求说出自己的一点感受、一点反思、一点认同或者一点求异

古礼今用

孔子教学　集思广益

颜渊、季路侍。子曰："盍各言尔志？"子路曰："愿车马、衣轻裘，与朋友共，敝之而无憾。"颜渊曰："愿无伐善，无施劳。"子路曰："愿闻子志。"子曰："老者安之，朋友信之，少者怀之"。（《论语》）

颜渊、子路陪在孔子身边。孔子说："何不各自说说你们的志向呢？"子路说："我愿意将自己的车马衣服拿出来与朋友们分享，用破了也不会抱怨。"颜渊说："我愿意做到不夸耀自己的

长处，不夸大自己的功劳。"子路说："希望听听先生您的志向。"孔子说："我的志向是使老年人得到安逸，使朋友们得到信任，使年青人得到关怀。"

启示：

孔子注重随时随地启迪学生的志向，让学生各抒己见，互相启发，取长补短。

两人一起为对话，三人一起即为开会，正所谓集思广益。

如今学校会议中，无论是教职工会还是家长会，领导发言后，可提供与会人员发言机会并认真聆听，他们陈述的观点或许可起到启发思路、弥补不足、达成共识，一致行动的作用。

> 礼仪观点

第一节 校园仪式——敬畏感恩，爱校爱国

振铎兴教，九秩春风育满园桃李；
腾蛟鸣凤，八方学子成百业栋梁。

所谓仪式，指"典礼的秩序形式"，是在一定场合举行，具有专门程序、规范的活动。仪式意味着重大事件的开始或结束，象征承诺、宣誓、庆祝、改变甚至升华。那什么是仪式感呢？是指人们表达内心情感最直接的方式，是人的身体和精神得到双重体验的愉悦，仪式感的关键不在"仪式"，而在"感受"和"感知"，"小仪式，大方圆"，通过点点滴滴的校园仪式感，让自己和身边的人变得更有距离感、敬畏感。

如今，仪式感在不少孩子们看来变得无足轻重。上课时对老师问好很敷衍，升旗仪式上，国歌响起时不肃立、不恭敬、不行注目礼等，这就是仪式感的缺失，所以，创设校园仪式感，在学校里有着重要的意义，特别是在孩子们成长和价值观形成的黄金时期，创设仪式感势在必行。

但是"仪式感"不同于"形式感"，它需要孩子用心参与，充分重视，学校可以通过升旗仪式、开学典礼、毕业典礼等活动培养学生的仪式感。

一、升旗仪式

五星红旗是民族之旗、团结之旗、胜利之旗、希望之旗、吉祥之旗。

升国旗是代表一个国家政治制度的统一和完整，是体现国家和民族尊严的象征。升旗仪式就是一种国家礼仪，它时刻告诉我们肩负着建设祖国、报效祖国的使命和责任。不忘先烈，珍惜眼前的生活，为中华民族的伟大复兴而努力奋斗。

校园的升旗仪式可以在潜移默化中增强学生的爱国热情，升旗时的严肃性也会让学生存在一种意识：升旗仪式是庄严与威严的代名词，升旗时应在原地肃立，行队礼和注目礼，不可嬉戏谈笑，对国旗的恭敬就是对国家的尊重，也是个人文明程度的折射。

而国旗下的讲话，庄严肃穆，要突出社会主义核心价值观，深化爱国主义、集体主义、社会主义教育，并结合重大节日、历史上的今天等主题进行，对全校师生进行思想、学习、生活、工作等方面的教育。

二、开学典礼

开学典礼是学校为欢迎和祝贺新生入学而举行的隆重的庆典仪式。举行开学典礼，是学生入学教育的第一课。

1. 可以使新生了解学校的历史、现状、校风、校貌及学校的基本状况。

2. 可以使新生了解学校的培养目标和管理制度，明确学校学习生活的特点，为尽快适应校园生活做好思想准备。

3. 可以使学生了解本学期的学习任务、学习目标以及重大活动安排等。

三、毕业典礼

毕业典礼是学校隆重举行的毕业庆典仪式，是学校对学生进行教育的最后环节。

1. 可以让毕业生牢记教师的希望和嘱托。

2. 可以使毕业生明确自身使命，信心百倍地投入新的学习、工作中去。

3. 可以对学生进行一次感恩教育，不忘同窗之谊，同时激发对父母、老师和母校的感恩之情。

四、仪式要点

在这些仪式中，我们应该注意哪些要点呢？

01 晨会引领——为什么周一晨会的升旗仪式更重要？

（1）升旗仪式中应仰望国旗。

升旗仪式带给人强烈的民族自豪感。

升旗仪式具有非常强的爱国教育意义。

升旗仪式让人燃起奋发图强的斗志。

（2）擎旗动作（擎旗俗称扛旗，是旗手的基本功）。

擎旗手做到擎旗、撒旗、收旗动作优美，护旗手需要做到扶旗动作匀称有力度、精神饱满。

要领：上体正直，头要正，两肩放平。右手把旗杆抓紧在食指和中指间，右手小臂自然伸直，把国旗扛于右肩。右手抓握在国旗捆接处，旗杆与身体成45°，行进时旗杆不得左右、上下晃动。

（3）升旗仪式展旗（旗手抓住旗角向斜上方将国旗展开，是旗手的基本功）。

要领：当听到国歌响起时，护旗手手动升旗，当国旗升至适当高度时，旗手抓住旗角向斜上方将国旗展开，手臂略停后，迅速恢复成立正姿势。

国旗"应当早晨升起，傍晚降下"，现实中，有些学校怕麻烦、图省事，只见国旗"早晨升起"，不见"傍晚降下"，甚至一升起就任凭国旗经受风吹日晒雨淋，即使褪色、破损也不更换。

02 升旗规范——升旗仪式时，教师的礼仪规范有哪些？

（1）在班主任的组织带领下，以班级为单位，整齐列队到达升旗地点；

（2）班主任可站在各自班级前面，其他教职工按规定位置、顺序站列；

（3）师生着装要整齐，姿态要规范；

（4）不交头接耳、不接听电话、不随意走动；

（5）奏国歌升旗时，精神状态饱满，面向国旗，双手紧贴双腿站好，肃立致敬，行注目礼；

（6）仪式结束，组织学生按指定路线有序退场。

教师面对庄严的升旗仪式时所表现出来的精神状态应该是饱满的，站立的姿势应该是规范的

03 追根求源——开学典礼的由来是什么?

中国有句古话,叫作"入泮(pàn)宫,出府学,上青云路"。在古代,"泮宫"就是指学校。其中"入泮宫"指的是,中了秀才的童生们入学做生员时所行的入学典礼。

"入泮礼"的各个步骤,都是根据《礼记》和《弟子规》而定的。

经历了这样的仪式之后,标志着学生们正式成为孔门弟子,从此便踏上了"路漫漫其修远兮"的求学之路。

现代学校的开学典礼,旨在明确师生新学期的奋斗目标,振奋精神、锐意进取,增强师生责任感和使命感,营造校园和谐有序的氛围,为新学期创造一个良好的开端。

04 以古推今——开学典礼如何体现仪式感?

在中国古代,"入学礼"被视为人生的四大礼之一,与成人礼、婚礼、葬礼相提并论。新生入学会有隆重的"开学典礼",包括正衣冠、行拜师礼、净手净心和开笔礼等环节。

(1)正衣冠:先正衣冠,后明事理。

(2)拜师礼:先叩拜至圣先师孔子神位,然后是拜先生。

(3)净手净心:行过拜师礼后,学生要按先生的要求,将手放到水盆中"净手"。

(4)开笔礼:是入学礼的最后一道程序,包括朱砂开智、击鼓明智、描红开笔等。

现代学校开学典礼环节：

（1）组织进场；

（2）主持人宣布典礼开始；

（3）校长讲话；

（4）表彰并颁发奖状和奖品；

（5）教师代表、学生代表、家长代表依次发言；

（6）最后宣布典礼结束并组织退场。

开学典礼是非常隆重的仪式，所以不论是校领导还是嘉宾、教师、家长代表，作为参与仪式的每一位都应穿正装出席

如今的开学典礼，已经摒弃了古代入学繁杂的仪式，但是古代入学仪式中所包含的寓意、对新生的期待是没有变的。无论什么时代，尊师重教、堂正立身、以礼待人等理念都是不变的道德准则，这也是教师需要对学生们加以引导的地方。

05 情感交流——毕业典礼如何体现感恩之情？

（1）同学缘：互赠毕业纪念相册、毕业卡片、毕业赠言，制作班级同学录、班服、寝室服、闺蜜服等。

（2）父母恩：毕业典礼上，诵感恩之语；相互拥抱、奉茶等。

（3）师生谊：毕业纪念品、全体同学向教师鞠躬、跳舞、唱歌、献花等。

（4）母校情：校友赠送牌匾、鲜花、植毕业树、合影留念等。

教师有礼

鲜花是一种高雅的礼品,通过赠花来表达对母校、恩师的感激之情,确是别有一番意境

第二节　开家长会——进百家门，暖百人心

家园温馨培心智，构建家校互动平台；
家校共育沐桃李，共撑孩子一片蓝天。

学校的教育主要是培养学生良好的行为习惯，并担负着思想启蒙教育的责任。中小学是人生观和世界观形成的关键时期，学校正确的引导有利于其身心的健康成长和提高自身的安全防范意识。

一、学校教育必须要有家庭教育的配合

苏霍姆林斯基在《帕夫雷什中学》中提道："儿童只有在这样的条件下才能实现和谐的全面发展，就是两个教育者，即学校和家庭，不仅要有一致行动，要向儿童提出同样的要求，而且要志同道合，抱着一致的信念。"也就是说学校和家庭始终从同样的原则出发，无论在教育的目的、过程，还是手段上，都不能发生分歧。

二、学校教育和家庭教育最好的纽带就是家长会

家庭教育既是学校教育的基础，又是学校教育的延续与升华。家长会为家庭与学校之间架起一座金色桥梁，使学校教育与家庭教育有机地结合起来，让老师、家长知道学生在家、在校的表现。这是共同探究正确的教育方法，增进彼此认识和理解，实现家校互动的好机会。

三、教师礼仪素养是家校互动的形象窗口

教师是学校工作的主体，教师的形象代表着学校的形象，教师的一举一动，甚至一颦一笑，都蕴含着教育的力量。教师在传播知识的同时，又以自己的言行举止、礼仪礼貌对学生产生润物细无声的影响，进而对学生好的行为习惯的养成起到春风化雨般的效果。

但要注意的是，在整个会议过程中，教师只有展现出自己良好的礼仪素养，才能赢得家长的认同和支持。

四、家长会礼仪

因此，教师要想在家长会中展现出好的礼仪素养，就应该做到以下几个方面。

01 邀约家长——邀约的方式有哪些？

（1）信息邀约；

（2）电话邀约；

（3）口头邀约；

（4）书面邀约。

02 会场布置——布置的要点有哪些？

（1）根据会议主题布置场景；

（2）黑板上展示家长会主题；

欢迎家长的宣传艺术字，由学生或者班主任来写

（3）茶水、纸杯的准备；

（4）相关材料的准备；

（5）有条件的，可以在会前放映一些学校宣传视频。

教师有礼

03 接待流程——接待流程有哪些？

（1）志愿者迎接家长；

校门口，每打一次招呼都会收获一份家长的微笑和认可

（2）家长签到或点名；

（3）引领家长入座；

（4）志愿者为家长服务。

请家长签到、签名的递笔动作

04 增强沟通——如何提升沟通效果？

（1）直奔会议主旨，抛出问题；

（2）认真倾听家长的意见和建议；

（3）老师协助寻找解决方案；

（4）确定最终解决方案；

（5）班主任总结，表达谢意。

05 有始有终——散会时教师要注意哪些细节？

（1）提醒家长勿忘随身物品和返程交通安全；

（2）挥手告别；

（3）个别交流；

（4）会后反思总结。

06 家访礼仪——教师家访时要注意哪些？

（1）多说优点，少提缺点；

（2）充分听取家长建议并做好记录；

（3）宣传学校的办学理念；

（4）时间不宜过长；

（5）孩子和家长共同参与。

家访时进屋敲门是尊重家长隐私和个人空间的一种表现，也是提醒家长应言传身教，尊重孩子的个人空间

第三节　开运动会——运而有法，动而有序

踏上跑道，是一种选择，礼让三先；

离开起点，是一种勇气，争创一流。

体育与健康学科核心素养包括：运动能力、健康行为、体育品德。

体育运动能提高运动技能水平；能形成锻炼习惯，掌握健康技能，学会健康管理；能培养勇敢顽强、积极进取、挑战自我、追求卓越的体育品德。

体育运动会又是一种力量的角逐，智慧的较量；是美丽的展示，理想的飞扬。

体育运动会作为学校的大型活动，每年都会隆重举行。一场好的运动会可以体现很多的礼节。

一、学生层面——友谊竞赛，培养体育精神，提高身体素质

运动会能锻炼身心、增强体质、赛出成绩、赛出风格，能增

强学生的公平竞争意识和行为，培养学生良好的文明习惯，发扬团结合作和拼搏进取的精神。

体育与健康课以促进学生身心和社会适应能力为目标，也可使学生在和谐、平等、友爱的运动环境中，感受到集体的温暖和情感的愉悦；在经历挫折和克服困难的过程中，提高挫折和情绪调节能力，培养坚强的意志品质；在不断体验进步或成功的过程中，增强自尊心和自信心，培养创新精神和创造能力；形成积极向上、乐观开朗的生活态度，形成现代社会所必需的合作与竞争意识；学会尊重他人和关心他人，培养良好的体育道德和集体主义精神。

二、教师层面——拉近距离、增进感情、提升管理能力

运动会前期教师要参与动员、指导训练、一起准备。这是增进师生友谊的最佳时机。不仅能增强班级凝聚力，让同学们团结友爱，互帮互助，还能促使同学们热爱运动，在运动中克服困难、增强自信、突破自我、挑战自我，并能让教师对运动会期间的协调管理更加游刃有余。

三、学校层面——提倡素质教育、落实体育与健康核心素养

可以全面展示学校师生精神风貌，检阅体育教学和训练

成果，推动学校群众性体育活动的开展，促进运动技术水平的提高。

每一个学校都有其独具特色的校园体育文化，通过开幕式表演可以进一步突显其特色，并可与办学理念、学科文化、区域文化相结合，达到融会贯通。

四、运动会要点

为了培养学生的体育精神，可以做到以下几点。

01 未雨绸缪——会前做哪些准备？

（1）班级动员会

班内选拔参赛选手，鼓励学生积极参加。

（2）啦啦队宣传牌

例如：长方形牌，上书：*年（级）*班加油、必胜等词。

（3）彩带标语

准备长条幅标语，比如：预祝大会圆满成功；*班同学加油。

（4）穿着准备

为彰显班级凝聚力，可以统一着装，佩戴统一袖标或帽子。

（5）简易医药箱

备用：创可贴、酒精、双氧水、紫药水、绷带、纱布、云南白药等。

（6）组建啦啦队

选出啦啦队队长，组织助威、加油。

（7）饮食

备用饮水和一些简单补充能量的食物。

（8）班级投稿

推选几名文笔好、积极性高的同学，现场报道运动员的比赛成绩和拼搏精神，配合校广播室与班级工作的沟通。

（9）根据当地当时及自身情况准备东西

比如：当天温度较低、湿度大，可帮运动员准备诸如毛毯之类的保暖用品。

（10）选拔班级引导员

负责本班运动员的上场、退场及在比赛过程中的服务保障。

02 入场有序——如何指导学生有序入场？

（1）提前进行班级的队列排练及口号练习；

（2）以班级为单位，列队入场；

（3）班牌导引。

03 观看礼节——如何引导学生观赛有礼？

（1）尊重运动员、服从裁判；

（2）友谊第一，比赛第二；

（3）为运动员鼓掌、加油、喝彩；

（4）尊重各比赛项目的规则；

（5）维护赛场的环境卫生。

04 友谊比赛——如何引导，才能体现友谊第一、比赛第二？

（1）比赛前，运动员要向裁判员表示敬意，比赛后，要向裁判员表示谢意；

（2）比赛中，要服从裁判，如果对裁判的决定有异议，要心平气和地向裁判反映情况；

（3）比赛时，双方队员发生摩擦，要克制自己的情绪，理智对待，不要采取报复手段，要有理有据、有礼有节；

（4）比赛后，既要为获奖者喝彩，又要为坚持参加完比赛的运动员鼓掌。

运动会上师生融乐

05 硕果累累——颁奖、领奖有哪些礼仪？

（1）颁奖者侧身 45°左右上台，面向观众，行鞠躬礼；

（2）跟随志愿者到达颁奖区指定位置；

（3）获奖者站上颁奖台，志愿者引领，颁奖者颁发奖牌、奖杯或奖状；

（4）颁奖时双手递送奖牌、奖杯或奖状，同时微笑鼓励和祝贺；

（5）合影留念（注意颁奖者和获奖者的位次）；

（6）志愿者引领颁奖者退场。

运动会，不仅是学生展示体育风采的平台，更是体育育人、师生融乐的新场景

第四节 教工会议——统一思想，凝智聚力

> 会议布局，精神腾龙，教研唱响主旋律；
> 党旗引路，理念策马，教改铺开大舞台。

教工会议是实现决策科学化、民主化的有效手段，通过会议统一思想、坚定信念、提高效率、加强管理，鼓舞斗志。会上既要精心布置工作和后期新任务，又要认真总结前期工作存在的问题。由于会议具有直接和快速的优势，可借此集思广益，彻底解决工作上的问题与困难。

教工会议，由于人员集中，场合正式，教师一定要注意遵守相关的文明礼仪规范，可根据组织者的安排与要求，做好各种会议中的礼节。

一、教职工例会

教职工例会，是学校教育服务的高级组织形式，不仅直接影响参加会议的教师，还间接影响着全体教师面对的全体学生，是

全体教职工必须参加的集体性活动,也是校领导与全体教师工作联系的主要渠道。

如何利用好这个阵地,最大限度地发挥例会在学校管理中的作用,使学校工作和管理井井有条,使教师形成组织观念和工作纪律,并让工作有条有理,是校长必须要思考的问题。

教职工会议要做到:

(1)统一思想,提高认识;

(2)统一计划,整体部署;

(3)统一执行,加强落实。

二、教研会

教研会是教学流程当中的重要环节,是教学拓展的另一种关键形式,缺乏教研的教学是没有质量的。教师只有通过教研,才能提高业务水平、科研能力和教育教学水平,才能适应新形势,做好教育教学改革,才能适应教育现代化的需求。

01 提高教师业务水平

要给学生"一碗水",自己首先得有"一桶水",教学的主阵地在课堂,缺乏教学的研究是没有实效的,因此教研与教学密不可分。新课程标准和学科核心素养能否落实到位,取决于教师的业务水平,所以教研会是提高教师业务水平的重要途径。

02 提高教师科研能力

百年大计，教育为本。习近平总书记在党的二十大报告中强调"教育、科技、人才是全面建设社会主义现代化国家的基础性、战略性支撑"，首次将教育、科技、人才一体安排部署，赋予教育新的战略地位、历史使命和发展格局。

教师是教育的主体和实践者，教师科研能力是教育科研任务顺利完成所必须具备的主观条件。

（1）着力转变观念，增强教育科研意识；

（2）运用教育理论和有效科研方法，构建教育科研活动思路；

（3）提供教改实验平台，促进教师个体科研能力提高和专业成长；

（4）建立有效运行机制，促教育科研工作健康发展；

（5）遵照二十大会议精神，坚持为党育人、为国育才，全面提高人才自主培养质量，着力造就拔尖创新人才。

03 提高教育教学质量

教研会针对性强，主要解决教育教学实践中存在的问题和难题。通过研究可以提高教学效果，促进教育与教学质量的提高。

04 加强同行同事交流

教研可以使教师之间相互借鉴、相互交流，促进教师队伍成长。

教研会为教师提供了一个交流经验、探讨问题、共享资源的平台

三、班主任会

班主任会是由校长或政教主任、教务处主任组织，召集班主任讨论、研究学生教育工作和班级工作的会议。班主任是：

1. 班集体的组织者和教育者；
2. 学生思想、学习、生活全面的指导者；
3. 联系班级中各任课教师的纽带；
4. 沟通学校与家庭、社会的桥梁；
5. 领导实施教育教学工作计划的得力助手和骨干力量。

一位好的班主任只有在不断学习中，才能提升专业素养和班级管理水平。

四、主题班会

班会，是以班级为单位，围绕一个或几个主题组织的对全班同学开展教育的活动。班会主要目的是引导学生树立正确的理想信念，形成优秀的学习品质，养成良好的思想品德和行为习惯。要从主题确定、背景初衷、班会准备及流程、成效与反思等角度，反映自己的主题班会设计理念及实施能力。

1. 主题班会是一种极受师生欢迎的，极富教育意义的组织形式；能够充分发挥学生的主动性，培养学生的民主意识；是班主任对学生进行思想教育的一个重要途径。

2. 主题班会能让个人在集体活动中受教育、受熏陶，从而提高综合素质，对学生思想的转化和良好班风的形成也有很大促进作用。

3. 教育不局限于课堂，生活即教育，主题班会要关注生活中的点点滴滴，抓住教育的契机，及时对学生进行教育引导，往往会收到事半功倍的效果……

五、会议礼仪

会议要能达到预期效果，应该注意以下事项：

01 有预则立——每周教职工例会之前应做好哪些准备？

（1）明确会议主题；

（2）发出会议通知；

（3）确定会议流程；

（4）确定发言人。

02 井然有序——会议座次站立位次怎么排定？

教工会议遵循原则：居中为上（中间高于两侧）。

（1）教职工例会

主席台座次排序，居中为尊，两人并列时左手为尊。

有客方参会时，需注意：

客方居右，主方居左（主方请客方坐在自己的右边）

相对式与并列式基本相同，差别在于相对式中，双方的随员对面而坐，一般主方会请客方面门而坐

（2）教职工代表大会

教代会是学校实行民主管理的基本形式和基本制度，是教职工参与学校民主管理，进行民主监督的基本组织形式，所以会议形式必须严谨而规范

单排站立

合影时排位，和主席台座位雷同，整排为偶数时，1、2号领导同时居中，2号领导依然在1号领导左手位置

双排站立

合影时排位，一般讲究居前为上、居中为上和居右为上；具体来看，又有单数与双数分别；通常，最中间主要两个主客方领导合影时主方人员居右，客方人员居左

第七章 师之会——议而有决，决而有行

三排站立，可以设计中间排为大，居中为大

（3）教研会

发言人讲话告一段落或结束，应鼓掌致意

请勿随意离席：会议期间请勿随意离席，如需离席，请保持动作轻，尽量保持安静，不要大力拖拉椅子，以免造成噪声，轻拉轻放

请勿接打电话：会议开始后，请不要在会场接听或拨打电话，如确需接打电话，请安静地离席，并在走出会议室后再接打电话

保持手机静音：会议开始前，请将手机关闭或将音量调为静音

（4）班主任会议

班主任会议应认真准备会议内容，并发动全体班主任民主参与

（5）主题班会

主题班会应认真准备会议内容，并发动全体学生民主参与

03 把握全局——会议对于主持人有哪些礼仪要求？

校园会议的主持人更要注意教师的身份，我们每天都在演绎着学生的"主持人"：

（1）精神焕发饱满；

（2）点名称呼有礼；

（3）衣着整洁大方；

（4）步伐稳健有力；

（5）站姿手势得体。

有效的掌握与把控：

（1）对会议的流程了如指掌；

（2）对会议的时间精准把握；

主持人是校园会议的重要组成部分，其舞台礼仪和仪态修养可以直接影响会议的质量

教师主持人的各种体姿语言还要相互配合、整体协调、连贯，从而表现出优美自然的风度美、气质美和韵致美

主持人在舞台上要有仪态优雅的气质，如步履轻盈、姿态优美、动作协调等

（3）对与会的发言拿捏有度；

（4）对会议的阶段承上启下；

（5）对会议的总结精辟到位。

04 直抒己见——全体教职工会议发言人的礼仪有哪些？

（1）准备：准备充分、内容做到不重复、不交叉；

（2）发言：思路清晰，节奏紧凑，避免东拉西扯；

（3）内容：主题突出、准确恰当，切勿高谈阔论、不切合实际或人云亦云；

（4）时长：宜短不宜长。

05 整齐划一——与会教师的礼仪要求是什么？

（1）保持手机静音：会议开始前，请将手机关闭或将音量调为静音（勿用振动功能）；

（2）请勿随意离席：会议期间请勿随意离席，如需离席，请保持动作轻，尽量保持安静，不要大力拖拉椅子，以免造成噪声，轻拉轻放；

（3）请勿接打电话：会议开始后，请不要在会场接听或拨打电话，如确需接打电话，请安静地离席，并在走出会议室后再接打电话；

（4）注意个人坐姿：为彰显个人良好修养，请时刻注意自己的形象，保持好端正的坐姿。

06 分门别类——班会的种类有哪些?

班会是班主任向学生进行教育的一种有效形式和重要阵地，是培养优良班集体的重要方法，也是养成学生活动能力的基本途径，所以它是班主任工作的重要内容。

班会可分为：

（1）常规班会（定期的）

（2）生活班会（针对最近出现的问题，也叫生活主题座谈会）

（3）主题班会（是最核心的，针对某个特定主题开展）

第八章
师之心——精诚所至，金石为开

导语

主题——师之心：精诚所至，金石为开

心心在一艺，其艺必工；心心在一职，其职必举。

何谓师之"心"？师之"心"是指教师最纯粹、最真实的情感，也是内心最热切、最在意的期盼，包括责任心、细心、爱心、耐心、包容心等。

教师要做一个"有心人"。十九大报告中，共有57个"心"字。初心、同心、信心、关心、核心、心连心……二十大报告中又增加了知心、热心、暖民心等。而"礼仪"是由"心"化为"行"的一种表现，即是内化于心、外化于行的重要纽带。

教师在教学中若能坚守初心，加强自我约束、提升礼仪修养，心中装着国家和民族，就是对党的教育事业的忠诚，也是对全心全意为人民服务宗旨的坚守。

用"心"浇灌，静待花开，不放弃任何一个学生

育人教育中的"慢艺术":守望教育,慢慢地静待花开

古礼今用

"君子所性,仁义礼智根于心。其生色也睟然,见于面,盎于背,施于四体,四体不言而喻"。(《孟子·尽心上》)

每一位人民教师,都胸怀学生,心系教育。这不仅体现在教学工作中,更融入到学生的家校共育中。现实社会中,许多父母对孩子太溺爱,导致孩子被宠坏,行为没有礼让,对父母大呼小叫,甚至最后换来一只"白眼狼"的案例不在少数。在校敬师长,在家敬父母,能对父母长辈怀有一颗感恩的心,有谦恭的言行,是一个孩子非常可贵的品质。

学校教育和家庭教育里,推广感恩教育这一课是很有必要的。许多学校会倡议学生回家同父母一起进行家务劳动。例如:

扫地，洗碗，洗衣物，为父母长辈端饭，倒茶等等，有的还会布置与父母拥抱、替父母洗脚的亲情活动。这些看似跟学校教育教学没有必然关系，却正是教师们的良苦用心。用这样的教育，以爱育爱，来培养孩子们的心性，心内有仁义礼智信，行外则忠孝廉耻勇。

启示：

能够坚持不懈，源于初心未改。正如《孟子·尽心上》所说，仁义礼智植根于心。让教师怀着炽热的心教书育人，让学生们像花儿一样自然生长，少成若天性，习惯如自然。

> 礼仪观点

第一节　尽责之心——责之所在，命之所系

爱心，诚心，责任心，心心为生；
校事，国事，天下事，事事教之。

一、传授知识是责任心的前提

教师不仅在学校中担负着教书育人的责任，还担负着传播人类文明和价值的公共责任。在一般社会交往过程中，教师身上具有作为一名知识分子所特有的客观理性的素养，在日常的教学实践中通过展现其自身的学养风度，尽到自身的社会责任。

教师是人类灵魂的工程师，是阳光下最纯洁、最伟大、最光荣的职业，这是人民对教师的尊重，同时也是一种压力和责任。全面提高中华民族的素质，是教师义不容辞的责任。倘若一个教师工作不负责任，对学生没有责任感，也就很难做好耐心细致的教育工作。因此，传授知识是教师的基本职责。

二、职业素养是责任心的保障

教师道德素养是"以学定教",关注自身业务的提升。一个有理想的教师就应该甘当桥梁,做学生的引路人。同时要动之以情,晓之以理,以柔克刚,刚柔相济,充分发挥学生的爱好和特长,促进学生素质的全面提高;关心学生身心健康,重视心理教育,进行心理疏导,从而达到教是为了不教的境界。

习近平总书记在全国教育大会上提出,要把立德树人融入教育各环节,贯穿教育各领域。"兴贤育德,责在师儒",师之德,教之魂。这就要求广大教师要自觉"以德修身,立德树人",把树立社会主义核心价值观作为自身追求,坚持"学为人师,行为世范",不忘初心,牢记使命,刻苦学习,砥砺品格,增强传道授业解惑本领,不断提高思想政治素质、职业理想和职业道德水平。

三、以身作则是责任心的根本

教师亲身躬行呈现自己的观点和见解,是学生习礼的开端。每一位教师都担负着对学生进行思想政治教育的责任,其一言一行对学生都是一种教育。学生的教育,首先应从教师的教育入手,整个校园要有良好的教风、校风和工作作风,教师要坚持理

以身作则是责任心的根本：多和家长沟通，适当地让孩子了解一些父母的忧虑和难处，鼓励孩子勇敢地承担责任

性与原则，三思而后教。"桃李无言，下自成蹊"，学生耳濡目染，自是教育。

四、教育文化是责任心的灵魂

我国传统文化经过几千年发展，不断融合不同时期中华民族的文化，形成了兼容并包的文化体系。时至今日，传统文化已经成为中华民族文化之根、民族之魂。哲学大师康德说："在留给人类的所有问题中，教育是最大、最难的一个。"想要将传统文化传承好，首先就要构建文化传承体系，而教师就是播种者、效仿者、领航者，同时也是传统文化践行的灵魂所在。传播上下五千年传统文化的使命，是教师责任心的灵魂。

教师有礼

和家长一起，鼓励孩子勇敢地承担责任

努力创造机会，让孩子自己的事自己做

从小培养孩子的劳动意识和劳动习惯

第二节　体现细心——蛛丝马迹，以小见大

大处着眼，小处着手，大处难处看修养，小处细处看态度；

群居守口，独居守心，集体生活看群居，个体差异看独处。

一、"润物细无声"的教育

"随风潜入夜，润物细无声。"润物无声，于无声处听惊雷；教育无声，却有着惊人的力量。人们常说身教重于言教，是因为身教是无声的教育，用的是行动语言，能达到潜移默化的效果。无声教育既是一种教育方式，更是一种教育手段。你的一个眼神，一个轻轻的爱抚，不漏痕迹的一个暗示，一个浅浅的微笑……都将会在学生心中荡漾起涟漪，在无声中影响学生的行为，以身立教，彰显"无声教育"的魅力。

细心和学生沟通

二、细心滋养学生的身心

细心是教育中一种发自内心的热情，也是教师的一种教育艺术和能力。

根据关怀伦理，"关心最重要的意义在于它的关系性"。关心意味着一种关系，它最基本的表现形式是两个人之间的一种连接或接触。彼此连接的行为体现师之爱，如拥抱，握手，抚肩……

细心是师生双方都必须满足某些条件，任何一方出现了问题，关心关系就会遭到破坏。教师作为关心者，和被关心者的学生一方，均应以开放的、不加选择的形式接受、确认和反馈，让学生深刻感受到教师的细心、关心和关爱。

三、细心影响学生的行为

"勿以恶小而为之,勿以善小而不为。"这句话的意思是:不要因为坏事小就去做,觉得没有关系,也不要因为善行小就不去施行。只有贤德的人,才能使众人信服。这句话出自《三国志·蜀书·先主传》,是刘备临终前对儿子刘禅说的。意思是让刘禅不要轻视小事,"小"中有大。"小"水滴不断滴下,力可透石;"小"火星足以燎原;"小小"的一句话,足以影响一国之兴衰;"小"不忍,则足以乱大谋;一丝"小小"的微笑,给人信心无限;每日一件"小小"的善行,足以广结善缘;"善小"不是"不足道","善小"也含有"大义"。教育工作者对学生小小的举动,足以影响孩子情绪、成绩,甚至是性格和学业。

四、细心点燃学生的梦想

老子说:"天下难事,必作于易;天下大事,必作于细。"教育学生也不例外。在细节中发现每个孩子不同于别人的优点,用爱、尊重、关注、欣赏点燃每个孩子心灵的明灯。让学生时刻感受到被教师认可和关注的幸福,并永远觉得"自己很重要"!每一个生命都来之不易,每一个孩子都是一粒种子,都需要教师用心呵护，精心栽培。

苏霍姆林斯基说过："教育需要关心备至地、深思熟虑地、小心翼翼地触及年轻的心灵。教育者必须具备一种对美的精细感觉，必须热爱美、创造美、维护美。"教育应该从尊重生命开始，使人性向善，使人胸襟开阔，使人唤起自身美好的根基。

第八章 师之心——精诚所至，金石为开

第三节 留住耐心——不愤不启，不悱不发

细心耐心精心教学暖人心；
诚意美意钟意育人奉情意。

一、有耐心，要有信心

知识的积累、思想意识的形成是一个漫长的过程，教育好学生也是一个漫长的过程。在教育过程中，面对问题学生，有的教师总是唉声叹气，对学生没有了信心，也就失去了耐心。对一个教育工作者来说，这无疑是不负责任的表现。成功来源于一次又一次的失败，耐心需要树立信心，更需要坚定理念、信念。

二、有耐心，会暖人心

假如我们的教育工作者都能对孩子多一分耐心、多一点倾听的话，沙漠将成绿洲、枯枝将会发芽，可见耐心对学生的教育是

教师有礼

耐心就是爱，是教育教学成功的保障

教师要靠耐心来调控自己的情绪，靠耐心来塑造学生的品质

多么的重要。特别是对学习后进的学生，是否应该想想我们应该做而没有做的。

　　说第一遍，他不会，我们就应该说第二遍，第三遍……一直到会为止，用耐心去温暖他。

耐心地对待每一个学生，尊重学生的人格、尊重学生的无知、尊重学生的自主选择权、尊重学生的个性差异，对差生也要有耐心

三、有耐心，是真情意

　　有效沟通是家校之间建立良性联动机制的关键，教师与家长之间的沟通是一门艺术，既需要尊重、真诚的态度和情感，又要讲究一定的技巧和策略，最终赢得家长的支持与认同。

　　广州市团校穗港澳青少年研究所公布了一项调查，显示学生对教师的看法。在学生心目中，好教师最重要的条件是"耐心引导，懂得教育学生"（30.2%），其次是"与学生交朋友"（13.0%），第三是"关心学生，为学生着想"（12.1%），而"有幽默感"和"有修养内涵，品德高尚"也分别有8.9%的学生选择，只有4.5%

的学生认为一个好的教师最重要的条件是"学识渊博"。

从调查结果中我们不难看出：耐心是教师的基本素养，所谓"耐烦做人好商量"，有耐心的教师才能获得学生的爱戴。

耐心是师生关系融洽的润滑剂

第四节　献出爱心——深爱和气，愉色婉容

　　齐心齐德齐向善，齐家爱校；
　　爱心爱护爱无边，爱岗敬业。

一、以爱育人

托尔斯泰曾说："如果教师只有对事业的爱，那么他是一个好教师；如果教师只有像父母那样对学生的爱，那么他要比一个读过许多书，但是既不热爱事业又不热爱儿童的教师好；如果教师把对事业的爱和对学生的爱融为一体，他就是一个完善的教师。"很大程度上，教育的成功就依赖于教师对学生的爱，只有教师爱学生，师生之间才会建立起亲密和谐的关系，学生才会更加"亲其师""信其道"。

二、以爱育爱

爱是教师的一种教育能力。苏霍姆林斯基曾说过："教师技

巧的全部奥秘，就在于如何爱学生"。尤其是在素质教育的今天，教师的爱，对于学生的学习、个性的发展，有着举足轻重的作用，同时互为促进，进而培养学生爱的能力。

三、以爱育礼

教师对学生的关心和爱护，相互尊重和信任，是教师对学生爱的情感和行为的具体体现。以爱教之、以礼行之，以平等的态度去对待学生，用真挚的情感去温暖学生，使他们在潜移默化中感觉到爱；用无声的礼节去感化学生，让他们在人际交往中学会以礼相待。

奉茶古礼，爱礼已阅，甚是欢喜：引导学生学会表达崇敬、尊重和感恩

第八章 师之心——精诚所至，金石为开

教师是教育工作的组织者和引导者，是学生美好心灵的塑造者，是学生健康成长的引路人。教育学生不仅要动之以情，晓之以理，更要有爱心和耐心，只要我们用爱心和耐心去教育学生，引导学生，就一定会弹奏出一首首绚丽的教育之歌

第五节　包容之心——换位思考，宽而恕人

以责人之心责己，教学相长付之一笑；
以恕己之心恕人，师生之间何所不容。

一、包容之心的作用

"人非圣贤，孰能无过"。包容是教师对学生的爱护和信任、理解和原谅。教书育人是一项长久的事业，教师对学生要有一颗包容的心。教师的一种教育观是"允许学生犯错误"，在每一个学生的成长过程中，不可能没有不足或缺点，出现一些问题和错误是在所难免的，这就要求教师要以宽容的态度对待学生。包容，是一种对生命的尊重，也是师生人格平等的体现。

二、包容之心的意义

包容是教师必备的一种素质，没有宽容意识，就不可能成为

一个爱学生以及被学生所爱的好教师。对于一位威信高、深受学生爱戴的教师，一定是具有博大的胸怀和包容的精神。而那些不被学生喜爱的教师，多半是未从内心深处真爱学生，不关心学生痛痒、缺乏人情味和宽容精神的教师。

教师的包容是由教育本身的复杂性决定的。教育教学是由复杂多样的因素构成的，在教育活动中，多因素的互动并不像机械运动那样规则，随时都会出现曲折反复、矛盾冲突。再加上人与人之间的个性品质、生活习惯差异、思想意识以及价值观念的差异，教师之间、教师与领导之间、教师与家长之间的摩擦也在所难免，这就需要教师对其有包容心。

三、包容之心的方法

具备包容心的教师善于沟通与合作，也是自信的、有亲和力的教师。包容既是教师的一种优秀品质，也是一种教育力量和有效手段。包容的教师善于忍耐和等待，包容的教师善于反思和律己。教师的包容与严格要求学生并不矛盾，包容不是纵容，也不是放松，而是以理服人。纵容则是对学生错误和缺点无原则的放纵，任其发展，不加约束。

所以说，有品位的教师既是一位严格的教师，更是一位宽厚仁爱的教师。教师的包容心使学生产生自信、自爱、正直、有担当的状态。因此教师一定要拥有宽容的心，用宽容的爱打开与学生交流沟通的大门。

倘若我们将教师的人格力量看作是一种榜样的话，那么他们的爱心则可以被当作教育的不竭动力

第九章

师之重——生命之重，圣学之重

导语

> **主题——生命之重，圣学之重**

三尺讲台，三寸舌，三支笔，三千桃李；
十年树木，十载风，十载雨，十万栋梁。

　　何谓师之"重"？师之"重"就是教师需要谨言慎行、律己修心，需深知自己的角色、身份、责任、担当，寻求专业身份的过程充满了挣扎与无力感，因此要给教师以足够的支持与尊重，让教师获得专业身份的赋权，从而实现真正意义上的教师专业发展，以人格唤醒人格、以生命影响生命、以灵魂激活灵魂。
　　师之"重"包括压力之重、知识之重、身份之重、生命之重等。

教师寻求专业身份的过程充满了挣扎与无力感，因此要给教师以适切的支持与尊重，使他们获得专业身份的赋权，从而实现真正意义上的教师专业发展

繁重的教学任务、激烈的竞争容易引起高程度的职业紧张，从而影响中小学教师的身心健康

中小学教师职业紧张表现在工作任务过重和不良的工作环境；教师职业紧张强度和紧张反应随年龄增长而增高

  明师之恩，诚为过于天地、重于父母多矣。教师，在人们心目中的形象历来伟大——文化阵地的守护者、教育改革的奋进者、教育扶贫的先行者、国家栋梁的栽培者、学子成长的引导者。

  教师，有仁爱之心，有理想信念，有道德情操，有渊博学识。教师是一个高尚职业，身为世范，为人师表，一日为师，终身为父。

古礼今用

程门立雪

程门立雪就是宋代学者杨时和游酢向程颢、程颐拜师求教的故事。杨时精通史学，能文善诗，人称龟山先生。他年轻时就考中了进士，为了继续求学，放弃了做官的机会，奔赴河南拜二程为师，钻研学问。某日，杨时和游酢前来拜见程颐，在窗外看到老师在屋里打坐。他俩不忍心惊扰老师，又不甘心放弃求教的机会，就静静地站在门外等他醒来。可天上却下起了鹅毛大雪，并且越下越大，杨时和游酢仍一直站在雪中。等程颐醒来后，门外的积雪已有一尺厚了。这时，杨时和游酢才踏着一尺深的积雪走进去。后来杨时成为天下闻名的大学者，这件事也被作为尊师重道的范例，传为学界佳话，由此演变成成语"程门立雪"。

启示：

程门立雪为何事？远道而来求拜师，中华理学有传人，斯文念兹且在兹。

"程门立雪"的故事发端中原，起于理学，传于华夏，至今可谓家喻户晓，人尽皆知。这样的故事教育了多少学子，敬重了多少老师，又传达了多少恩义！程门，是理门，亦是礼门，更是法门！古人云：一门深入，长时熏修。遗憾的是，人生在世，多少人找不到"门"，更别说"熏修"，不可不引起重视！

第九章　师之重——生命之重，圣学之重

> 礼仪观点

第一节　知识之重——传道，授业，解惑

汗牛充栋，经师易遇，万里寻口诀；
人生在世，恩师难寻，千里访明师。

古往今来，历代先贤留下了许许多多的经典，指引了无数探索者在黑暗中前行。尽信书，则不如无书。有经师，还得有明师，有明师指点，一语道破天机。故而，恩师分量之重，重于泰

知识教育的实质是教给学生获取知识的能力，而不是给他们灌输一肚子无法灵活运用而又极容易忘记的"课本知识"

山；恩师情感之深，永生难忘！

传道，授业，解惑，乃为师之本，不可不行也；

敬天，尊师，重道，为学问之本，不可不察也。

韩愈，唐宋八大家之一，在其《师说》中开篇便讲："古之学者必有师。师者，所以传道受业解惑也。"然而，笔锋一转："嗟乎！师道之不传也久矣！欲人之无惑也难矣！"不敬天、不爱人、不尊师、不重道、耻于学、耻于问，乃为学大忌。故我等学子，必当谦恭好学，方能深得明师真传！

本节主要礼仪观点

01 爱生如子——在现实知识传授中，如何做到不"误人子弟"？

"误人子弟"是教师对一个学生，乃至一个家族最大的辜负和最重的打击。所以教师要把每一堂课当成修炼自己人生的必修课，要对每一堂课充满敬畏之心！

（1）做到爱学生和爱孩子一样，心中无有差别；

（2）做到爱知识和爱美食一样，心中充满渴望；

（3）做到爱备课和爱逛街一样，心中满是乐趣；

（4）做到去上课和去拜师一样，心中存有敬意。

02 知错必改——课堂教学中，老师发现讲错知识点，怎么办？

人非圣贤，孰能无过？身为教师，也难免有讲错的地方。知

第九章 师之重——生命之重，圣学之重

错即改，善莫大焉。做到"五及时"即可：

（1）及时道歉，消除影响；

（2）及时认错，知耻后勇；

（3）及时纠正，以免误导；

（4）及时商讨，头脑风暴；

（5）及时记录，以利改进。

教师一旦发现自身失误应放下身段，及时向学生道歉

03 以一当十——有学生在底下挑战教师讲解的知识点，怎么办？

面对学生挑战，"十不"原则，人人有效。

（1）不打压，不贬低，积极鼓励；

（2）不误导，不回避，正确引导；

（3）不疏远，不暴力，真诚沟通；

（4）不强词，不夺理，以理服人；

（5）不粗口，不冷漠，以礼悦人。

04 晖光日新——有哪些渠道可以让教师的知识不断更新？

古人云："条条道路通罗马"，只要愿意，有很多路可以走，有很多方法可以实现教师对知识的不断更新：

（1）读经典书籍，与经典同行，圣人常在身边；

（2）拜明师参访，向明师请教，贤达陪伴左右；

（3）找同道交流，必虚心学习，良师指点迷津；

（4）寻朋友学习，交良师赐教，益友提携护持；

在教育目的上，摆脱知识崇拜，融入人文精神

（5）在网络互动，搜同频共振，扩展无限可能；

第九章 ■ 师之重——生命之重，圣学之重

在教育方式上，解除技术依赖，找回身教传统

（6）向生活汲取，破纸上功夫，实践得出真知。

在教育空间上，跨越学校边界，走向社会生活

第二节　身份之重——务本，务实，务施

务本不忘本，有本方有末，育人为本，俸禄为末；
务实不囿虚，有实才有虚，教学要实，请教要虚。

生而为人，必有其份。身份一，不要轻视自己，不与别人衡短论长，不与别人争名夺利。让千百万人踩着我们的肩膀，顺着我们指引的方向，安安稳稳地直上。因为人生难得，我们生而为人，承载着无数人的前途与命运。身份二，明白自己的角色与定位，正所谓"角色就是人格，人格就是力量"。身为教师，理当守住自己的教师本色，以自己的人格力量去引领学生成长、成才、成人。

曾子所言："君子务本，本立而道生。"务本，即是真我，借假修真，才是王道。众所周知，做生意不能亏本，做人更当如此，"亏本"即"无利"，此处之"利"，非营利之"利"，乃是利于之"利"，守住本性，利于他人。当我们能够做到"务本"时，内心便安定了，不为外部世界所牵引。

第九章 师之重——生命之重，圣学之重

务本之人，必然务实。即实实在在地做一些利于社会的事情。教师需要精进修学，需要备课讲课，需要关爱学生，更需要实实在在的努力，正如古大德云："做牛要拖，做人要磨。磨什么？把粗糙的心，磨成圆整；把不平的心，磨成安和；把冲动的心，磨成缓和；把怨恨的心，磨成感恩；把仇恨的心，磨成慈悲；把虚化的心，磨成朴实；把叛逆的心，磨成安实。"

作为教师，其奉献精神是必须的，也是必然的。所以要心甘情愿地施与，即"三施并进"——财施，法施，无畏施。付出总有回报，今日精耕细作，他日桃李芬芳；今日无微不至，他日无所不能；今日无悔付出，他日学子遍地。

教师有礼

> 🔔 **本节主要礼仪观点**

01 以身作则——作为教师,其身份之重要,体现在哪些方面呢?

作为教师其身份之重,不言而喻。中国古代,在家中最重要的地方——中堂,会有牌位,上书"天地君亲师位",可见教师在人们心中的分量有多重!教师的重要作用表现在:

(1)传播文化大道,开启圣贤智慧;

(2)指导人生实践,把握人生方向;

(3)解答生活迷惑,纠偏生存困惑;

(4)传授生活知识,学会生存之道;

(5)人生益友相伴,情感倾诉疏通。

广大教师要做学生锤炼品格的引路人,做学生学习知识的引路人,做学生创新思维的引路人,做学生奉献祖国的引路人,这就是新时代教师的"身份坐标"

第九章 师之重——生命之重，圣学之重

02 特立独行——在课堂上，哪些行为让教师有失身份？

（1）趾高气扬的傲慢行为，不自谦者，必孤家寡人；

（2）猥琐胆小的无所作为，不自信者，必一事无成；

（3）不负责任的推卸行为，不担责者，必难成大业；

（4）知行不合的胡作非为，不守礼者，必缺乏敬畏；

（5）为所欲为的霸道行为，不遵道者，必遭人唾弃。

坚持"新任教师必须进行岗前培训，实行'先培训，后上岗，不培训，不上岗'"的用人原则

03 言不达义——在课堂上，哪些言语让教师有失身份？

（1）暴力性语言，让人生畏，增加恐惧心理，逼学生逆反应对；

（2）指责性语言，让人生气，造成心理压力，使学生信心减弱；

（3）低俗性语言，让人生厌，产生不良影响，遭学生负面传播；

（4）模糊性语言，让人生烦，形成指令不清，让学生无所适从。

04 表里如一——在课堂上，哪些着装让教师有失身份？

（1）奇异装——艳丽，新潮，特殊图腾；

（2）裸露装——低胸，高裙，露脐短腰；

（3）紧身装——臀紧，胸紧，腰带更紧；

（4）魅惑装——透明，高跟，破洞大网；

（5）懒散装——拖鞋，短裤，吊带露肩。

05 有耻且格——和家长交往时，做哪些事情有失教师身份？

（1）唯利是图收红包——小人行为，可以直接举报；

（2）有事没事借钱财——不当行为，可以直接回绝；

（3）没事找事混吃喝——低俗行为，可以婉言拒绝；

（4）有意无意暧昧语——下流行为，可以严正声明；

（5）冷言冷语常指责——刻薄行为，可以理论是非。

06 三省吾身——作为教师，可以效仿哪位先贤精进反省的方法？

教师的职业决定了必须每天精进反省，反观自照。可以参考曾子的方法：

（1）一省：为人谋而不忠乎？要忠于领导，忠于道义；

（2）再省：与朋友交而不信乎？信于同仁，信于家长；

(3)三省:传,不习乎?传于学生,传于弟子。

07 君子务本——最务实的教师应该是怎样的行事风格?

(1)兄友弟恭,尊重领导如兄长;

(2)情同手足,关爱同事如手足;

(3)视如己出,关心学生如儿女;

(4)掌上明珠,敬业爱业如家珍。

08 三施并进——最懂得施与别人的教师,应该从哪些方面施与?

施舍,是最大的回报,教师应该从三方面施与:

(1)法施——贡献自己的智慧与所学,重点针对学生;

(2)财施——适当尽己所能的财物帮助,重点针对领导与同事;

(3)无畏施——贡献出自己的体力,力所能及地做一些体力可以承受的劳动,重点针对自己的工作。

第三节　生命之重——生理，心理，灵魂

生而知之，其命可贵，贵在往而不复；
心而有理，其灵弥尊，尊于无为而为。

"生命只有一次，使其有意义"，诚然，狭义的生命确实只有一次，那么如何才能更有意义呢？那就是发现并践行自己的愿力、初心与使命。唯有如此，才能体现"生命之重"，否则，生命就"轻于鸿毛"。

生命由生理、心理和灵魂组成。生理，简言之，就是对于身体的理解。有性别的区分，年龄的不同，体质的差异。这些对一个人而言，都要引起重视。孔子在《孝经·开宗明义第一》中有言："身体发肤，受之父母，不敢毁伤，孝之始也。"《大学》亦有言："仁者以财发身，不仁者以身发财。"可见，中国古人特别重视身体的保养。身体的健康与否，必然会影响到一个人的心理健康。心理健康的标准，中国古人很早就有答案了，那就是经过千百万年的积淀，历代古圣先贤的实践，而总结出来的"中华十

第九章 师之重——生命之重，圣学之重

大义理"——仁、义、礼、智、信、忠、孝、廉、毅、和。这是中国人的文化基因，更是中国人的道德标准。如果能守住这十条标准，必然是一个道德高尚之人，是一名君子，甚至是圣贤！《大学》有言："大学之道，在明明德，在亲民，在止于至善。"

"父母者，人之本也"：塑造仪式感，培养学生对父母感恩之心，深深感谢父母给予生命

尊师重教从"尊重老教师"开始

当一个人，通过修学，能够修到"止于至善"时，其灵魂便是殊胜圆满的。没有一个人会说："我是一个没灵魂的人。"总之，我们需要借着肉体的修炼与外境因缘的历练，以修真我灵性，恢复纯阳、清净的本性。

🔔 本节主要礼仪观点

01 承蒙厚爱——能遇到好老师，真是三生有幸，是哪"三生"？

"三生有幸"常被形容为极为难得的好机遇，也被用于结识新朋友时用的客气话，"三生"多指前生、今生和来生。但也指生命、生存、生活。

（1）一个人，就生命意义而言，如果能遇到明师，其生命的境界和层次自然与众不同；

（2）一个人，就生存意义而言，如果能遇到明师，其掌握生存的法则就会了然于心，可以远离灾祸，平安吉祥；

（3）一个人，就生活意义而言，如果能遇到明师，其生活状态悠然自得，自由自在，不必急功近利，不必尔虞我诈，却可以精神富足，物质丰盛。

02 权宜之计——学生在成长过程中，是否可以用服药来解决抑郁症？

学生的抑郁症，用服药解决，不是长久之计，真正的解决之

第九章 师之重——生命之重，圣学之重

学校领导发言，家校合作共建，托起生命之重

道在于：

（1）心灵的沟通：一对一心灵沟通，是解开抑郁症的关键钥匙；

（2）成长的陪伴：人是群体动物，要过集体生活，良好的陪伴可以改变一个人的认知；

（3）细致的帮助：帮助可以温暖人心，唤醒灵魂；

（4）积极的引导：引导犹如修渠，渠成水自到；

（5）生活的鼓励：鼓励犹如鼓风，风动帆动，帆动船动，鼓励可以让一个人更加自信。

学校的生命教育并不单独以课程形态出现，而是渗透在死亡教育、品格教育、健康教育、个性化教育、挫折教育之中，整个学校教育呈现出明显的生命教育特征

03 知疼着热——对于有心理问题倾向的学生，教师如何应对？

（1）了解家庭背景——变故家庭？离异家庭？重组家庭？

（2）认真倾听心声——自卑自弃？生理缺陷？社会影响？

（3）促进同学相处——学习小组，帮扶分队，互助共进；

（4）洞察前因后果——父辈影响，家业纠缠，自身命运。

04 重中之重——学校可以策划哪些主题活动，来体现"生命之重"？

学校可以适时开展"七防"主题活动，来体现"生命之重"：

第九章 师之重——生命之重，圣学之重

全体教职员工树立起"人人都是生命教育工作者"的意识。在日常工作和生活中，学校所有教职员工的人格魅力以及积极乐观向上的生活态度和价值观，都可以影响学生

（1）防疫情——注意卫生，保持距离；

（2）防火灾——消防演练，学会灭火；

（3）防地震——熟悉逃生，互助关爱；

（4）防台风——及时关窗，随时锁门；

（5）防水灾——多看预报，洪水疏通；

（6）防暴力——武术防身，机敏报警；

（7）防网骗——天网恢恢，慧眼企查。

05 了如指掌——一名优秀的教师，如何掌握学生成长过程的生理变化呢？

（1）掌握因人而异的原则——了解个性差异；

教师要深入挖掘教学中的生命教育内涵，把生命教育有机地融入日常教学活动之中

（2）掌握因材施教的原则——认识人才价值；

（3）掌握因时而动的原则——注重发展规律；

（4）掌握因事而教的原则——把握机会教育；

（5）掌握因家而异的原则——发挥家访价值；

（6）掌握因我而成的原则——鼓励自我信心。

06 安然自在——人的少年成长阶段，如何在心理方面给学生以安全感呢？

一个孩子在少儿成长阶段，内心十分敏感，此时，正向引导至关重要，教师应努力做到：

（1）鼓励多于批评；

（2）认可多于否定；

（3）注视多于无视；

（4）同情多于冷漠；

（5）引导多于打击；

（6）微笑多于厌恶；

（7）包容多于抱怨。

07 无限可能——怎样才能帮助学生在灵魂方面提升呢？

教师，是人类灵魂的工程师，教师的天职就是给学生灵魂的正确引导，有以下原则需要把握：

（1）引导学生诵读经典，从经典中学习古圣先贤留给我们的生存智慧；

（2）引导学生礼拜圣贤，对圣人的恭敬之心可以让我们升起敬畏之心，有了敬畏心，内心便可以守住一份清净，当内心清净时，智慧便可以打开了；

（3）引导学生孝敬父母，只有孝敬父母，才能从父母身上汲取能量，人生才可能顺利，事业才可能通达；

（4）引导学生崇尚科学，对科学的热爱，可以激发学习兴趣，有利于提升学习成绩；

（5）引导学生热爱祖国，祖国是我们生存的基本保障，热爱祖国，才能铭记革命先烈，不忘根本；

（6）引导学生关注环保，现代社会，生存环境越来越差，环境保护刻不容缓，我们要积极响应国家关于助力实现"碳达峰、

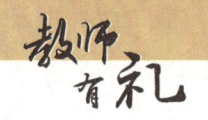

碳中和"的环保国策，为祖国的青山绿水做出一份贡献。

08 机不可失——人生不同的成长阶段，作为教育的特点表现在哪些方面？

人生不断成长，教育需要掌握其规律，古人很早就明白其中的道理，大致分为四个阶段：

0—3岁，幼儿养性阶段。性，性情，习性。幼儿几乎没有自主学习的水平，其纯洁的心灵，却能够依靠直觉高度吸收外在的世界，所以，要给到孩子足够的陪伴和爱心，保护好孩子的天性与灵性。

4—12岁，童蒙养正阶段。这一阶段旨在培养孩子端正心性及行为。多给孩实践的机会，创造孩子接触外界的机会。

13—18岁，少年养志阶段。这一阶段，要让志向拉着孩子往上走，读人物传记，参加社会实践，坚定心中的梦想。

18岁以上，成人养德阶段：当孩子成人了，其德行的把握至关重要，孩子自由了，但更重要的是内心的德行的滋养，德行越厚，离成功越近。

第九章　师之重——生命之重，圣学之重

一次次关于仪式感的探索和温习，是一次次关于爱的认知与确定

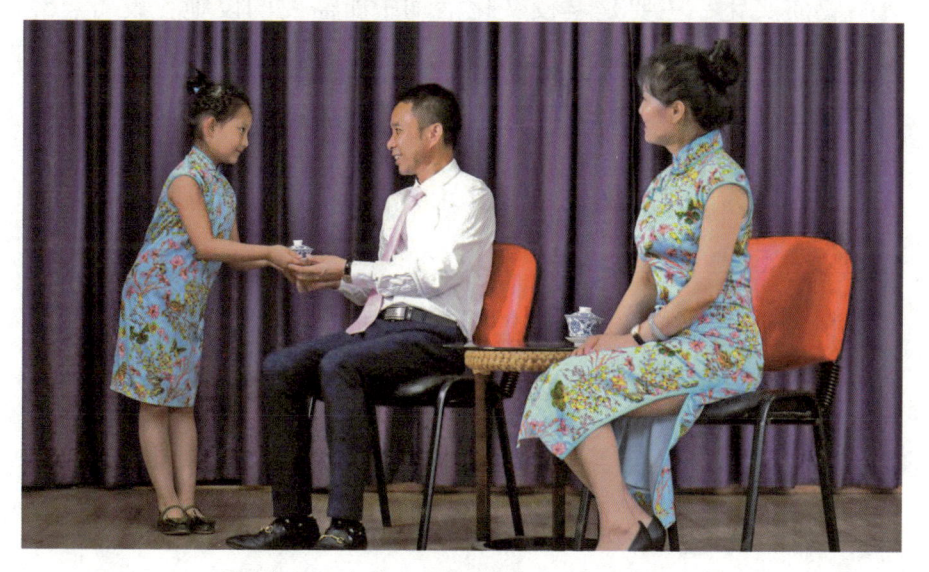

孩子奉上的一杯茶，是感恩的缩影，也是心灵的慰藉

第四节　文化之重——物质，制度，精神

> 以文化人，人而为仁，仁而有礼；
> 以物养人，人而惜物，物而有用。

学校文化之重，可以分为物质文化、制度文化和精神文化三部分。

物质文化，主要是学校文化活动中所需要的设施、设备、经费资料、技术、环境等，是校园文化的基础工程。

制度文化，主要是学校中的各项规章制度，如学习生活制度、道德行为规范、文化内涵设计、娱乐活动方式等，是校园文化的行为工程。

精神文化，主要是师生的思想意识、价值观念、精神面貌、心理素质、审美情趣、创造发明等，是校园文化的灵魂工程。

第九章 师之重——生命之重，圣学之重

每一位老师都是校园文化兼职讲解员

> 🔔 **本节主要礼仪观点**

01 浓墨重彩——校园文化建设的重中之重是哪些内容？

（1）孝道文化——百善孝为先，做人孝为本；

（2）圣学文化——与圣贤为友，与经典同行；

（3）师德文化——天地君亲师，师乃教化本；

（4）人伦文化——人生天地间，伦常最重要；

（5）家风文化——家风代代传，戒律记心上。

家庭不仅应该尽早地对孩子开始文化教育,而且还应该从父母自身做起,更重要的是家长应该做好培养孩子文化教育的开端工作,即学会如何更好地给孩子讲合适主题的故事

良好的文化修养是文化、智慧、善良和知识所表现出来的一种综合美德,是崇高人生的一种内在力量,是优秀品位与价值的外在体现

02 名正言顺——校园文化是怎样的概念?

（1）校园文化是以校园为阵地开展的群众性文化活动；

（2）校园文化是校内文化环境，包括艺术教育和课外文娱活动；

（3）校园文化是以学生各类社会团体为主体开展的课外活动；

（4）校园文化是以文学艺术为中心内容的文化现象；

（5）校园文化是以学生为主体、以教师为主导的师生员工的课余文化生活；

（6）校园文化是以校园为空间，以社会主义精神文明为目的的群体性文化活动；

（7）校园文化是社会文化的一部分，是在学校这个特殊的社区文化生活中每个成员所共同拥有的价值观。

作为一种精神气候或氛围，校园文化以其独特的"心理暗示"和"文化无意识"机制，成为学校教育中一个必然的和有效的教育因素

03 和而不同——校园文化有哪些构成要素？

（1）育才环境的美化——宜人宜事；

（2）文化传统的形成——尊道尊德；

（3）文化生活的渗透——合礼合理；

（4）民主管理的建立——同声同管；

（5）校风教风的建设——共建共享；

（6）心理健康的疏导——有情有义。

04 以文化人——校园文化有哪些教育功能？

（1）陶冶情操的功能——情之所至，心之所达；

（2）提升审美的功能——各美其美，美美与共；

（3）娱乐放松的功能——志道据德，依仁游艺；

（4）规范行为的功能——知止而定，有耻且格；

（5）激励成长的功能——增加凝聚，促进互信。

05 四两千金——校园文化建设在深化学校改革中有哪些作用？

（1）储备人才的竞争实力，提供宝贵的国家资源；

（2）纳入当地的区域环境，助力地方的经济发展；

（3）形成特有的办学模式，沉淀优秀的办学理念。

后　记

人无礼则不生，事无礼则不成，国无礼则不宁，校无礼则不和。

荀子说：礼者，所以正身也，师者，所以正礼也。无礼何以正身？无师，吾安知礼之为是也？教师一直是一个神圣的职业，学高为师，身正为范。学为人师，行为世范。

在多年的《践行教师礼仪，提升师德素养》课程全国巡讲中，助力很多中小学和教育局组织的教师礼仪风采大赛系列活动，我们深刻体会到，通过礼仪培训提升教师的职业道德规范和道德标准，以促进社会和谐发展及学校的文明进程；通过"学礼仪、树形象、促工作、增素质"的教师礼仪培训，提升教师的整体形象，发挥教师的人格魅力，使教师群体真正赢得学生、家长、社会的尊重和信任；通过礼仪培训营造高尚、文明、和谐的校园礼仪环境，增进师生关系的和谐发展，使之充满亲和力和凝聚力；校园面貌焕然一新的一个重要原因就是教师职业形象的整体改观！

很多校长在组织教师礼仪的培训后，都感慨万千：一个追梦的教师，总是最美的舞者！系列礼仪课程提升了教师专业素质能力，激发了教师个人魅力，弘扬了教师师德素养。

我们的礼仪教练在赛前对进入决赛的教师们进行三个阶段培训，包括礼仪技术辅导、个人演讲辅导、旗袍走秀指导、礼仪操动作编排指导等等，让教师们深入学习礼仪，将教师礼仪融入教学甚至生活中来！

其实，教师可以把教室当作自己的一个"大舞台"。明星需要观众粉丝，而教师要"舞动"课堂，符合学生成长的需要；明星有偶像派和实力派之分，但教师只有实力派；明星有固定的粉丝团队，可作为教师，我们没有固定的学生粉丝群，只能时时"充电"，在一个个40分钟的课堂教学中，通过创新把自己真正融入师生共有的时刻。一个追梦的教师，会时时沉醉于自身教学活动，不断完善、提升自己……

团队的力量，可以战胜一切，榜样的魅力，能够感动所有。本书正是团队的智慧结晶。

本书编写分工如下：

主编：刘宝亭

副主编：华平生、吴淑娟

总策划：华平生、刘宝玲

后　记

第一章：杨相琳、杨亦燕

第二章：王惠、何文芝

第三章：唐中艳、齐冬梅

第四章：龙俊洁、李春华、杨亦燕

第五章：李蕾、涂晓燕、周文

第六章：孙科香、戴玉清

第七章：吴淑娟、张燕、沈娇娇

第八章：张晓寒、黄金华

第九章：杨相琳、何立苇

华平生于上海
2024 年 2 月 8 日子夜

图书在版编目（CIP）数据

教师有礼：新时代教师礼仪九讲 / 刘宝亭主编；华平生，吴淑娟副主编. -- 上海：华东师范大学出版社，2024. -- ISBN 978-7-5760-5252-7

Ⅰ. G451.6

中国国家版本馆CIP数据核字第2024PP8418号

教师有礼——新时代教师礼仪九讲

主　　编　刘宝亭
副 主 编　华平生　吴淑娟
策划编辑　张俊玲
项目编辑　刘祖希
特约审读　富俊玲
责任校对　樊　慧　时东明
装帧设计　卢晓红

出版发行　华东师范大学出版社
社　　址　上海市中山北路3663号　邮编 200062
网　　址　www.ecnupress.com.cn
电　　话　021-60821666　行政传真 021-62572105
客服电话　021-62865537　门市（邮购）电话 021-62869887
地　　址　上海市中山北路3663号华东师范大学校内先锋路口
网　　店　http://hdsdcbs.tmall.com

印 刷 者　上海龙腾印务有限公司
开　　本　787毫米×1092毫米　1/16
印　　张　18.75
字　　数　191千字
版　　次　2024年10月第1版
印　　次　2024年10月第1次
书　　号　ISBN 978-7-5760-5252-7
定　　价　68.00元

出 版 人　王　焰

（如发现本版图书有印订质量问题，请寄回本社客服中心调换或电话021-62865537联系）